NOS VACHES SONT JOLIES PARCE QU'ELLES MANGENT DES FLEURS

PAUL BEDEL
Avec Catherine Boivin

NOS VACHES SONT JOLIES PARCE QU'ELLES MANGENT DES FLEURS

Postface de Pierre Bergounioux

ALBIN MICHEL

À Carole Collin
et sa tendresse pour la terre

« Si tu lances trop loin le caillou, tu ne peux pas le rattraper. C'est pareil pour la vie. »

Paul Bedel

Avant-propos

Paul dans ma vie

Depuis dix ans, je questionne régulièrement Paul Bedel, né le 15 mars 1930 à Auderville, dans la presqu'île du Cotentin, *sur les vieux machins comme lui qui écrivent tout le temps sur des carnets pour passer le temps*. Un magnifique documentaire pour la télévision puis le cinéma l'a fait connaître la dernière année d'exploitation de sa ferme laitière. Depuis lors nous avons publié deux livres, l'un évoque plus spécifiquement son enfance et l'autre sa vie d'homme. Il m'avait promis quelque chose sur la vieillesse. Comment appréhender la mort à un âge proche de la rencontrer, son pas à pas vers elle. Paul ne craint pas le mot, il n'emploie pas l'euphémisme de « fin de vie ». Pour lui le mot fin n'existe pas, les événements des âges et des saisons sont des graines et se renouvellent. Il a souhaité évoquer dans ce dernier livre les transformations de l'âge, *pour que tout recommence en quelque sorte*. Son titre, *Nos vaches sont jolies parce qu'elles mangent des fleurs*, est tiré d'une phrase qu'il prononçait souvent, quand amoureusement il gérait avec ses sœurs son petit troupeau de laitières normandes à cornes, sans machine à traire, sans alimentation autre que de l'herbe qui pousse sans pesticides ni engrais. Des bêtes généreuses blanches et brunes à lunettes, car leurs yeux sont cerclés de brun, qui avaient toutes un prénom suivant leur caractère. Un temps où il avait choisi de rester maître de ses journées en refusant de déposer son lait à la laiterie pour ne pas être tributaire des horaires. La laiterie était dans sa ferme, et en dehors d'une clientèle d'habitués, Jacques Prévert comme son ami Alexandre Trauner venaient le lui acheter. *Quand le beurre a pris du gras*, selon son expression, lors du passage du franc à l'euro, les gens se sont détournés de ses produits, il a vendu ses dernières vaches et a donc arrêté son activité pour vivre avec le minimum vieillesse.

Le soir, Paul consigne sur des carnets les événements de la veille, *ses mots lui mettent des jours de vie en plus : je n'écris pas comme un écrivain, instruit pour écrire, surtout pas, je m'instruis moi-même lentement.* Écrivain c'est pareil selon lui, *tu écris sans avoir appris ou alors tu n'es pas écrivain.* Pour nous le confier vraiment, *il écrit ce qu'il sème sinon il n'y pense plus.* Ce qu'il sème de paroles lors de la rencontre avec ses visiteurs, avant la moisson. Chacun a le lendemain de sa visite quelques lignes sur son cahier.

Ce paysan, du mot pays, de ceux qui maintiennent en vie les paysages ancestraux, a un avis sur les éléments qui le constituent, l'air, l'eau, les pierres, les animaux, sans oublier le vent, et nous le révèle. Ce tendre vieillard a une passion pour la nuit, sa compagne de la journée : *bien sûr que le soleil est important, mais la lune elle décide.*

Quand nous discutons avant d'aller nous promener dans

ses champs ou dans son atelier, je m'installe toujours à la même place à sa table antique, dos au fourneau à bois, dans sa maison qui l'a vu naître. Lui s'assoit sur le banc. Il attend que la nuit tombe pour allumer la lumière, parce qu'elle l'égalue [1] et lui brouille les yeux.

Paul n'est pas isolé dans sa ferme. Il se pose des questions sur le monde, mais au fond il ne veut pas vraiment la réponse. *C'est cela la sève de la vie.* Quand je lui ai demandé de me parler du bonheur, ce mot et cette quête à la mode actuellement, il a réfléchi des jours entiers : *Heureux veut dire que je ne sais rien. Je ne sais pas ce que le mot heureux veut dire, je ne sais rien de la vie. Du savoir je n'en veux rien. Le mot heureux m'oblige à chercher plus de vie dans les pierres, l'air et les plantes qui m'entourent. Je sais que l'on dit de moi que je suis un arriéré, parce que j'ai refusé une certaine forme de progrès, notamment les engrais et les pesticides. Parce que je ne veux pas tuer ma terre, celle que l'on m'a confiée, pour mon temps de vie. Car tuer la terre, c'est selon moi tuer l'humain. Le bonheur c'est la vie de la terre, après moi.*

Il m'a promis que nous écririons son prochain livre ensemble. Il a ri m'a fait un clin d'œil, il est moqueur, Paul, car je serai plus vieille et lui aura simplement vieilli. Son titre : *Paul a cent ans !*

Nos vaches sont jolies parce qu'elles mangent des fleurs, en attendant son centenaire, est un affectueux bouquet de vent et d'embruns, sauvage et libre, écrit à la première personne,

1. Elle l'éblouit.

comme si, vous comme moi, étions en face d'un homme qui nous dit la vérité.

Puisse ce témoignage, souvent drôle et touchant, vous donner envie de mettre à votre tour du Paul dans votre vie.

Catherine Boivin

La trace

Après mon livre, *Testament d'un paysan en voie de disparition*[1], on me croyait mort. Certains m'ont appelé au téléphone pour vérifier. Je n'ai pas toujours répondu, c'est vrai, on a pu croire que. Mais moi, je crois bien que je suis encore vivant. Le matin, j'ouvre toujours mes lettres au petit déjeuner, il y en a moins et de moins en moins. Mes journées à mon âge ne sont pas longues. Elles commencent tard pour mes visiteurs esclaves de l'heure inventée, l'heure à piles que l'on nous impose, si tu préfères. Je n'attends pas ce midi à quatorze heures qu'ils arrivent. Il y en a qui ont de la misère à me comprendre. J'aime leur sortir des petites blagues. Quand on me demande si j'ai encore des vaches, parce que tout le monde sait bien que je les ai vendues il y a plus de dix ans, je réponds en lançant mes bras en direction de la route de Beaumont :

– Oui quand même, oui j'en ai encore une, y en a une de

1. Presses de la Renaissance, 2009.

vache à lait ici, c'est l'usine de retraitement des déchets nucléaires de la Hague, c'est Areva !

Si mes visiteurs regardent mes mains, en les questionnant du regard, je les défends à leur place, bien obligé. J'ai ma petite phrase préférée à ce sujet :

– Mes mains passent leur temps à se salir.

On m'interpelle aussi sur mon patois, si tu n'es pas d'ici, tu n'entends pas ce que je raconte. Comme pour les mouettes – ou les goélands –, on dit des maôves :

– Paul, c'est quoi des maôves ?

Le plus sérieusement du monde j'explique :

– Ce sont des mouettes qui ont bu trop de jus de betterave !

Certains me croient ! Ou alors :

– C'est quoi pour vous, Paul, le beau temps ?

– Le beau temps, c'est quand il pleut bien vert ! Quand il pleut beaucoup et longtemps pour la terre.

Avant mes aventures d'être un peu connu, je ne me rendais pas compte que j'avais des expressions mal tournées, qui amusent mes visiteurs. Les mots de patois de la terre, ça dit plus fort que les mots trop savants. Souvent et de plus en plus, on me parle sérieusement. Sérieusement c'est-à-dire que l'on ne rit plus, surtout là, en 2015. Rire ça devient difficile, que ce soit pour les plantes, comme au sujet des hommes, de l'humain, ça va ensemble, car la vie est tourmentée aujourd'hui.

Je me réveille à la même heure qu'autrefois, avec le courant du Raz Blanchard qui bourdonne en flot continu et clair, tout près de ma maison. Il a fini par bien s'entendre avec l'horloge de plus d'un siècle et demi. Tous les deux se sont liés à moi.

Car le tic-tac te permet de vivre un temps qui s'entend, pas un temps mort, comme une pendule à piles qui, elle, n'a pas de vie. Cette cascade d'eau, du Raz Blanchard à l'horizon, produit un son à l'aube reconnaissable en fonction des vents et donc de la météo qu'il annonce. Il vient, il bat en moi à l'heure solaire. Comme le temps, le vrai, celui du ciel, de la terre, des saisons, nous guide, il me parle à sa manière. Du coup, comme je ne fonctionne pas à la même heure que tout le monde, ceux qui viennent discuter à ma table, de bonne heure pour moi et moins pour eux, ne trouvent pas mon poêle allumé. En attendant leur tasse de mon café réchauffé bien noir, le bouillu, ils grelottent, n'enlèvent pas leurs manteaux et ça m'amuse.

Mon poêle à bois, à mon rythme de maintenant, met du temps à se mettre en route. La pièce se réchauffe quand même un peu, surtout quand on se met à parler et à taper avec nos petites cuillères sur le bord des verres ronds, en Pyrex, dont des années de naissance sont gravées au fond. Ces écuelles tiennent bien le choc quand je leur verse le jus bouillant. Dans une pièce frisquette à quatorze degrés, de toute manière le corps humain ne gèle pas, encore moins celui d'un chat. Le nôtre dort sur le meilleur coussin et occupe la meilleure place près de la fenêtre, dans notre petite maison d'Auderville.

Il surveille la marée, il nous surveille je pense et écoute les bêtises à Paul, mais n'aime pas trop quand il y a trop de monde, dans ce cas il regarde de biais et se sauve de la pièce. Ce matou, une femelle, mange comme nous. Il est exigeant sur la qualité de ce qu'on lui met dans son assiette.

J'habite, je vis, je vieillis depuis ma naissance, le 15 mars

1930, sur une terre à cailloux, une presqu'île entourée de tout ce qui semble nécessaire à une vie, de l'air mais aussi un paysage. Les gens de dehors m'apprennent qu'il est beau. Moi je n'en sais rien, je fais partie de lui. Ensuite, beau, ça, on ne peut pas dire que je le sois, crochu et paysagé si je puis dire, je lui ressemble pourtant à force, ou plutôt il m'oblige à ressembler à lui.

Ce pays me manie à sa rudesse.

Le vent des falaises me modèle à la façon d'ici.

Puissant, dès qu'il te chope, tu baisses la tête.

Plus fort que lui, tu ne peux pas.

Plus fort que le vent de la Hague, y a pas, car c'est un vent des hauteurs. Ce vent d'en haut te prend entier, te souffle dessus. Quand, tellement puissant, il te crie, tu te tais, tu l'écoutes, il te rabat la goule[1], si tu veux hurler plus loin que lui ou le prendre trop de face.

Je ne suis pas mort, mais je deviens vieux peu à peu. J'ai pris la forme des bourrasques d'ici, des arbres, ceux des haies et des esseulés, plus rares dans les champs qui ont combattu les tempêtes et sont restés enracinés, malgré les coups et les écorchures. Moi aussi je suis un esseulé dans mon passé et mon lointain. Les jeunes sont partis, nous savions que nous ne serions pas remplacés, voilà. Nous y sommes, les barrières se sont fermées et se ferment.

Les maisons de nos ancêtres sont habitées par des gens d'ailleurs, je ne pense pas mal d'eux. Je regarde seulement disparaître ce monde de minuscules travailleurs qui sentaient l'étable ou les bateaux. Nous sentions notre métier sur nous.

---

1. Il te fait taire en te faisant baisser la tête.

Quand tu sens une odeur, tout est plus près, mauvaise ou non ! À sentir les gens tu connais leur métier, ouvrier, paysan. Dans les maisons de maintenant, ça sent quelque chose, oui, quelque chose qui ne sent plus rien. As-tu remarqué comme les choses ne sentent plus ?

On éteint les odeurs et donc le statut des hommes eux-mêmes. On nous éteint, nous les petits de petits de ce pays de lumière et d'ouragans. Notre mémoire et nos souvenirs se faufilent depuis lors entre les brèches que l'on a ouvertes, quand on a décidé que nous devions disparaître.

Car une plante faible se laisse attaquer. On l'a rendue faible en la traitant mal et là ce sont les plantes, la terre et les hommes que l'on traite et traite mal. Oui, un homme faible, comme un arbre faible, se laisse attaquer, tout le monde ne sera pas d'accord avec moi, mais je pense que la destruction du sol va avec la destruction des humains.

C'est humain la protection de la nature, c'est humain dans le sens de la vie. Il y a trop de villes, de béton, oui bien trop. La tempête en ville, ça ne rigole pas, ce ne sont pas les arbres qui grelottent là-bas, mais les immeubles, mais ça personne ne semble s'en rendre compte.

Si tu casses les haies, les protections, tu casses le tout. On ne peut ensuite plus se défendre par manque d'abris. Comme des brèches, elles ont disparu, ces abris naturels dans les haies on les ferme désormais avec des barbelés, parce qu'il n'y a plus personne qui sait fabriquer des barrières de menuisier.

Quand on a décidé que le monde serait nourri par la mécanique – la grosse, pas la petite raisonnable –, beaucoup ont résisté. J'en faisais partie. On m'a insulté, traité d'arriéré, de pauvre con, d'innochent[1]. J'ai tenu bon, mais presque seul c'est difficile de tenir pour longtemps. Les destructions sont arrivées quand même autour de moi, mais pas par moi. J'ai vécu non pas d'envie mais de besoin. On nous a disparus, mis de la cendre dessus, comme on en met sur les pucerons pour les éliminer. Nous sommes encore un peu ce que nous sommes, ici et là, heureusement, mais pour combien d'années ? Les choses vont si vite tout à coup, les choses changent à toute berzingue actuellement.

Je vois ici et là la belle auge en granit creusée patiemment se remplir de fleurs de graines de pas d'ici, une meule trône dans un jardin, on lui a pendu des géraniums sur le caillou. Les parapluies sont rangés dans des bidons de lait cabossés, d'autres sont repeints, on m'en a même offert. Nous sommes devenus un grand musée à ciel ouvert, de nos outils il y en a plein les jardins, pour les décorer. Souvent on me demande à quoi servait tel ou tel outil trouvé dans une étable ou un grenier. Je ne sais comment expliquer son usage, il faudrait avec ces gens arpenter les landes et les sentiers. Je pourrais reprendre les gestes qui ne se perdront jamais dans mes mains. Mais à quoi bon expliquer le découpage de la bllête[2], ces carrés de bruyère que l'on mettait à sécher pour le feu de cheminée ? Pourquoi expliquer la découpe des ajoncs ? On allume leurs brindilles et on met des gros bouts de bois par-dessus, les rameaux de l'ajonc des landes, les pieds des ajoncs sont formidables pour se chauffer, on tirait la barbe, le tronc du piquet. Autrefois, en expédition, nous allions chercher la

1. Qui a perdu la raison.
2. Racines de bruyère utilisées comme combustible (tombe de lande).

bllête en la taillant en tranches, elles maintenaient de la braise en donnant une chaleur douce et odorante. L'ajonc flambe et sent bon. Les ajoncs aussi sont démolis, tu coupais le piquet et il repoussait naturellement, comme maintenant personne ne le coupe plus il crève dans les landes, devenu trop maigre et faible. En coupant le rameau on le fortifiait, comme les cheveux. Nous allions dans les landes pendant plusieurs jours, pour les provisions, car ici il n'y a pas d'arbres ou presque pas. Il n'y a plus d'entretien de nulle part, on abandonne tout, il n'y a pas de relève. Les choses partent d'un coup alors qu'elles ont été maintenues si longtemps. Comme les landes ne sont plus épilées, couper les ajoncs ne donnerait plus grand-chose : devenus maigrichons, les flammes les avaleraient en une bouchée. Qui se chaufferait encore avec ces combustibles gratuits, de toute manière ? Tout s'achète.

Un autre exemple : si tu trouves un couteau incurvé dans les outils laissés par celui qui t'a vendu la maison et dont on te laisse l'héritage d'une vie, tu ne le gardes pas, il n'est plus utile à personne, tu l'envoies à la déchèterie. La déchèterie sauvage à ciel ouvert et non surveillée me permettait autrefois, par des visites minutieuses que je lui offrais, de comprendre ce que devenait notre monde par ce qu'il jette. Oui, je le dis : notre monde de minuscules, dont les derniers outils sont jetés hors des ateliers, avait appris à peu près à tout construire et réparer. Il n'y avait pas de manuel de fabrication, ni de documentaire pour cela, on regardait celui qui savait et on essayait. Le savoir venait petit à petit, nos mains étaient plus savantes que nous, bien plus savantes que l'école. Avec nos objets déménagés un peu partout, qui ne servent plus, on nous absente.

Autrefois j'ai beaucoup récupéré. Je trouvais même des albums photo de gens que je connaissais, éventrés, là, par terre au milieu des cendres, parce qu'au bout d'un moment on y mettait le feu dans les ordures. Au milieu des assiettes cassées, tu voyais les visages, ceux des mariages, des voyages. Il y avait parfois des lettres, vu les timbres tu pouvais te dire que c'était des lettres d'amour de durant les guerres. D'amour d'une mère ou d'un couple. Je n'aurais pas pu les ouvrir. Les mots ne peuvent pas se prendre, ni s'emprunter, même jetés ils appartiennent à ceux qui les ont écrits et à ceux à qui ils ont été écrits. Mais quand même, des lettres à vent ouvert, tu te rends compte ?

Un jour les déchèteries se sont fermées comme des tombes, tu bennes, pas question d'aller fureter là-dedans ensuite ! Il faut ta carte d'identité pour rentrer, et si sans prêter attention tu as jeté le magot de la grand-mère, tant pis pour toi, il sera broyé avec le restant.

Vieux, ton passé devient des miettes.

Pour la bonne conscience, on garde quelques merveilles, celles qui ont construit notre monde, notre paysage, dans les musées. Les objets y vivent morts, c'est mieux que rien. Je me dis que peut-être un jour on les ressortira, quand on ne saura plus quoi inventer pour nous remplacer, nous, les sans-bruit-au-monde.

Si tu trouves dans l'une des maisons d'ici que tu as achetée et que tu habites un bizarre couteau, tu viendras me voir, je te raconterais que cette lame maligne sert à ramasser les fllies, les patelles pour toi, si tu ne connais pas le patois. Ce couteau intéressant, je le prendrais dans ma main, je l'observerais et je te dirais qui l'a forgé, à l'épaisseur fine de sa lame. En t'en parlant, je suis certain que je te donnerais envie d'aller en cueillir sous le varech bien lourd et humide, mais qui te montrera le coup de main ? Quand la patelle se détache du rocher, cette succion qui cède et qui t'annonce qu'elle te vient, tu poses ton pouce sur sa tête, et hop ! Oseras-tu la manger à la crac[1], véritablement, c'est-à-dire crue, sentir dans ta bouche l'eau fraîche et ce craquant un peu caoutchouteux sous tes dents ? Elle se gratte comme une huître. Qui te dira que tu peux mettre la cueillette sur une grille, dans la cheminée, sur des cendres chaudes, et que tu n'auras plus qu'à attendre la cuisson et préparer tes beurrées[2], les mettre en tas ? Une fois cuites, tu les décolles de leur coque, la coquille couine un peu, elle frissonne sous tes doigts. Il ne te restera plus qu'à déformer[3] grand ta bouche. En mangeant comme les vieux d'ici, même si tu n'es pas du pays, il t'adopte par ce que tu manges de lui.

Décrire à la crac ce goût du rocher et de l'eau mouillée dans la bouche, même pour ceux qui n'ont plus de dents, c'est facile. Bien sûr, les patelles crues tu dois les mâcher longtemps pour les avaler, surtout les grosses jaunes, moins les petites grises, presque bleues, qui sont plus tendres. Tu l'as vécu, toi, les fllies à même le rocher, dès toute petiote, mais bientôt pour cela il n'y aura plus de mots, plus de fllies, plus de varech, plus d'écrivains pour s'intéresser à nos manières. Déjà qu'il n'y a plus de varech et donc plus de fllies, car plus personne ne le coupe sur les rochers pour le mettre dans

1. D'un coup sec.
2. Tartines.
3. Ouvrir.

les jardins ou pour la soude. Le varech comme l'herbe ou les ajoncs ont besoin d'une coupe franche, si on ne les entretient plus, si on ne respecte plus le cycle de la nature, la nature se venge en dépérissant. Oui, la nature est vivante et a besoin de la bienveillance des hommes.

Écrire, pour dire vraiment écrire

Tu veux que je te raconte comment le vieux bonhomme se sent vieillir ? C'est d'abord admettre que mon tour est passé, c'est cela vieillir, pas renoncer.

Sache que j'ai conscience que ma vie n'a servi à rien, et que si en la racontant elle doit servir à quelqu'un ou à quelque chose, ce n'est pas pour que je laisse une trace de moi. Mais plutôt une trace de ma terre. Car rien ne m'est arrivé d'extrêmement racontable, je ne suis ni une vedette ni une star et encore moins quelqu'un qui pense, comme on doit penser. On a fait de moi un jour un reportage, sur ma dernière année de paysan, avant que je ne vende nos vaches, à moi et mes sœurs. Alors on m'a connu et surtout les gens se sont reconnus en moi, dans leur manière d'avoir pris soin de la terre.

Je ne pense pas, même si mon cerveau ne s'arrête jamais, je ne pense pas à transformer la terre, c'est ainsi que l'on dénature la nature selon moi. Ce qui m'est arrivé ce sont les choses qui arrivent aux vivants, vraiment vivants. Je n'ai pas eu d'instruction, j'ai mon bonnet d'âne, mon certificat non pas d'études mais de bourricot. Je me suis inquiété longtemps de ne pas avoir eu ce maudit certificat.

On disait à mes parents :

– Paul est bête !

J'y ai cru et j'y crois encore. Alors, comme j'étais né bête, j'ai vécu proche d'elles. Elles et moi nous nous sommes toujours compris. Avec du recul, j'ai conscience que l'école nous empêche la nature, c'est ma sœur Françoise qui l'a toujours pensé avant moi. Les gens instruits s'enfuient dans les livres et oublient la terre. Dans mon existence, rien de fabuleux, rien n'a permis que je sois un petit peu connu ou reconnu, et c'est très bien ainsi. En tout cas je ne me suis jamais enfui d'ici, je suis resté à ma terre. L'eau de ma vie, qui s'écoule, ne s'est pas enfermée. Elle doit pouvoir rester libre, passer entre les doigts et le sable, repartir dans le sol. Pourquoi ? Ça je ne sais pas. J'accepte.

Je pense que mes visiteurs, fin 2016 – j'ai offert douze mille trois cent quarante tasses de café et des poussières, pas des petites poussières quand même, chacun a son importance –, sont venus chez moi pour comprendre cette liberté qui s'est mise en moi. J'ai choisi ma vie sur la terre de mes ancêtres. J'ai choisi ma vie, vois-tu, je suis resté non pas maître du temps, mais de mon temps.

On a plusieurs vies, mais c'est au final la même. Je ne suis rien et je veux rester rien avec ma terre. Quand les gens ne se sentent plus libres comme moi, alors ils se tournent vers le mal et se perdent et te perdent avec eux. Moi dans mes champs, dans mes champs de vie, j'ai été enfermé, mais j'ai toujours pu repasser la barrière, parce que la barrière je la connais, c'est moi qui la fabrique. J'en fabrique les ferrures et les planches.

Je veux bien encore te raconter, parce qu'on a plusieurs

vies c'est vrai, mais j'aimerais te confier celle qui m'arrive actuellement. Celle de devenir vieux.

On va prétendre :

– Paul, tu n'as plus rien à dire ! Tu débarqueras bientôt !

C'est vrai, c'est bien pour cela que j'écris !

Johnny le chanteur peut, lui, autant qu'il veut écrire des livres qui parlent de sa vie, mais toi le type qui prétend que le bon fumier tu le reconnais car il sent bon sur les mains, tu n'as pas le droit d'avoir un bouquin qui parle de ton fumier, comment tu le fabriques entre autres. Des livres qui le racontent, ça fait beaucoup pour un paysan sans instruction. Je n'écris pas ma vie de toute manière car, on le sait, je crois que c'est la vie qui nous écrit, et l'endroit où on vit, tu t'arranges avec lui. On te le prête cet endroit un temps de longueur que tu ignores.

Ma vie c'est pas une histoire. Pas une histoire inventée. On pourrait balancer mes carnets, ceux que je griffonne depuis plus de cinquante ans chaque jour, sur un bouquin, dans l'ordre ou le désordre en années, mais ce ne serait peut-être pas très intéressant. Les gens se lasseraient de lire mes comptes de sacs de patates, de sacs de poireaux ou de carottes et la météo, qui quand je l'écris est passée de mode, pour eux pas pour moi car je sais, par mes notes, que la météo revient par cycle. Les gens n'aimeraient pas ma façon de noter, car il manque des mots, j'ai mon genre d'alphabet, un code pour m'y retrouver si tu préfères, et puis la mauvaise météo, qui s'en intéresse ? On veut l'oublier, moi je la préfère à une trop douce. Car le mauvais temps est bon pour la terre.

Mes notes, mes gribouillis ou plutôt mes coups de griffes sont des amers dans mes carnets, des repères qui ont un sens, pour que je m'y retrouve, mais sans avoir envie toujours de m'y retrouver. Viens, je te montre. Là, vois-tu, j'écris d'une manière qui ressemble à un plan de mon cllos[1], mon champ : ici sur le haut à l'est de la feuille de papier j'ai écrit quelque chose, c'est pour me souvenir qu'en haut à droite de mon jardin j'ai semé du persil, les quatre coins de la page sont remplis avec des semences et leurs avancées, et ensuite je gribouille au milieu de la feuille quelques mots sur les gens que j'ai vus dans la journée – il faut bien leur réserver un peu de place. J'aime bien savoir qu'un tel jour une année, il y a eu une tempête avec tels sens du vent et force, et que dix ans plus tard, elle est retombée au même endroit, au même moment si je veux bien m'exprimer.

C'est vrai que je veux donner envie d'écrire aux gens qui pensent comme moi que si on n'a pas d'instruction, nos vies ne valent rien. Écrire pour dire vraiment écrire, ce n'est pas facile. Le premier coup de crayon compte, comme toutes les premières fois. Premier coup de bêche d'une journée, tu sais comment elle se terminera, tu le sens dans ton corps à la résistance du sol ; premier caillou soulevé, si tu prends une crabe – on ne dit pas un crabe chez nous –, tu sais que la journée sera bonne, etc. Les premières fois ou plutôt les premiers moments comptent, c'est-à-dire que l'on doit se donner du temps et de l'effort pour qu'il nous arrive quelque chose, sinon il ne se passe rien, évidemment. Donc pour écrire, le mieux c'est de commencer pour que cela t'arrive d'écrire.

Tu penses que ton travail d'université peut servir à quelqu'un, à quelque chose, tu appelles cela des recherches. J'ai

1. Petit champ fermé par des murets de pierres sèches.

vaguement une idée de ce que c'est une université, un endroit comme une étable mais sans odeur, ce qui est bien dommage quand même. Une grosse boutique où il t'arrive plein de choses à force de discuter et tu viens emmerder les pauvres vieux comme moi, pour faire des fouilles, pour tes recherches. Voilà à quoi ça t'amène, et tous les deux on se rencontre avec nos mots, toi avec tes questions que je ne me pose pas et moi avec mes questions que je ne te pose pas !

Regarde sur mon carnet, hier j'ai marqué que Catherine est venue m'emmerder – mais non, je plaisante, tu ne m'ennuies pas ! Regarde : « Catherine est venue pour son travail de doctorat[1], elle m'a posé des questions, elle revient demain. Elle me demande de raconter, comment on devient vieux, alors on parle de mourir... »

Ça ne s'apprend vraiment pas dans les écoles ce truc-là ! Ce truc de mourir, de débarquer.

La mort c'est quelque chose dans la vie, ça intéresse les universitaires, je comprends bien. J'ai ma petite idée sur elle, vraiment petite, qui m'appartient. J'ai prévu de te demander pourquoi le mot docteur dans tes études. Je ne vois pas bien ce qu'on peut soigner à l'université, à part de soigner des cerveaux qui pensent déjà trop. Et puis si tu le deviens, il faudrait que je sois malade si je suis ton sujet ! Je ne suis pas malade du tout, je m'absente à petits pas, c'est pas une maladie ça, voyons ! Bientôt pour moi ce sera belle heure[2] de m'en aller.

---

1. Catherine Boivin prépare une thèse de doctorat en sciences humaines, biographie « histoires de vie ». Paul Bedel est son principal sujet de recherche : *Écrire la vie, contrer la mort.*

2. Ce sera l'heure.

Tu m'as expliqué que docteur c'est un titre au nombre d'études qui ne compte pas vraiment en France. Huit ans après le bac, remarque, ça n'est pas beaucoup d'années pour s'instruire huit ans. Je suis docteur de quoi, moi Paul ? À rabougrir dans mes champs depuis X temps ? Tu n'en sais rien, tu vois bien ! Faudra que tu leur demandes à ton université comment on appelle les vieux paysans qui ont tellement étudié la terre qu'ils ne comptent plus leurs années de cultures. Des terreux, des terreuses, de ceux qui ont bien conscience, en plus, de ne savoir rien d'elle.

Bon, sérieusement, je te le confie quand même : si quelqu'un devait vraiment écrire de moi, ma vie, me raconter, ce serait mes homards, mais avec leurs grosses pattes ils ne savent pas écrire. Ceux que j'ai bouffés évidemment. Pas parce que je les ai bouffés, mais parce qu'eux me connaissent vraiment. Ils m'ont vu m'approcher de leur maison, ils m'ont observé essayer de les comprendre, savoir comment ils vivaient vraiment, j'ai fouillé dans leurs trous avec mon crochet. J'en ai relâché parfois, quand les femelles avaient des œufs, et puis surtout là maintenant que je sens la dégringolade, je les laisse tranquilles. Je pense à eux, les endroits où je les pêchais c'est le plus bel endroit, et le plus beau chemin, si on sait regarder vraiment. Dans ma mémoire souvent j'y suis encore avec eux. Dans mes souvenirs, dans le fond de l'océan.

Pourquoi écrire, je me répète, pour vraiment écrire utilement ? Je n'en sais rien, j'ai toujours aimé écrire, comme j'aime bêcher, tripoter les plantes avec mes mots, en leur parlant. Ma vie est appuyée sur mes mots qui sont appuyés, eux, sur mes valeurs. J'ai refusé l'engrenage des taxes, quand on voulait m'obliger à me verser des aides, je refuse le temps électronique artificiel, les saloperies chimiques contre la terre. Je n'ai surtout jamais rien emprunté, c'est ma liberté. Écrire, ça a à voir avec la liberté, c'est gratuit, d'autant que j'écris sur des agendas de récupération.

Bon, si ça ne va pas ce que je te réponds, demande à mes homards, trouve-les, toi maintenant, je pense qu'ils me connaissent à force. J'ai laissé ma trace sur les rochers, les lois naturelles sont précises, bien plus que les mots écrits, je t'assure. J'ai ausculté durant ma vie les petits rochers, je ne suis pas devenu docteur pour autant : j'ai regardé et écouté, puis je les ai soulevés pour voir ce qui se cachait dessous, comme pour tout je ne les connaîtrai pas complètement, ils garderont un peu de secrets pour moi et moi pour eux.

Les pensées souvent deviennent des choses, il ne faut pas voir en négatif, sinon ça arrive. Ce qui nous arrive dans la vie, on l'attire, car qui s'assemble se ressemble, c'est pour cela que si j'avais été un animal, j'aurais été un homard. Bon, ce matin, les nuages sont venus galoper dans l'herbe de la lande, je me sentais bien parce que j'aime bien ici quand ça respire les embruns, ça ne sent pas le moisi, le renfermé. De toute manière, je suis bien content d'avoir deux pattes seulement pour marcher sur la terre ferme, car je ne sais pas nager. Un homard qui ne sait pas nager, ça aurait fait un idiot en plus.

Ce qui me raconte également, je l'espère, ce sont mes murets et mon jardin jusqu'à… Ce que je veux dire c'est que raconter ce n'est rien, une vie n'est rien, ce qui compte je crois bien c'est ton passage, ta trace sur la terre qui t'a nourri, pas tes empreintes. Les empreintes marquent trop, tu dois juste être venu et être reparti.

Si tu veux, écrire c'est dire :

– Écris, écris toi aussi. Tu n'es pas plus bête qu'un autre, si tu n'essaies pas tu ne sauras jamais. Comme cela quand tu seras débagagé[1], les gens qui te liront pourront approfondir leur vie, en l'ajoutant au souvenir de la tienne.

1. Reparti (traduction de Paul), dans le sens de déménager vers l'autre monde.

Écrire ma terre

Chaque jour, j'ai une manie, j'écris des morceaux de mon cerveau.

La dernière fois que j'ai beaucoup écrit, des heures entières, c'est quand on m'a coupé des morceaux d'oreille – les deux dont une un peu plus. De la roche poussait sur les hauteurs de mes lobes, et m'occasionnait de la gêne. Une sorte de caillasse recouverte de lichen, gravillonneuse tout plein, m'agrandissait les écoutilles. Ça donnait un effet semblable à l'aspect des vieux rochers que l'on trouve sous le varech, ça accrochait mon gant de toilette. Mes oreilles et du bois vermoulu, tout pareil. Ma toubib m'a obligé à enlever tout ça sinon ça allait me faire pousser des oreilles en plus – déjà qu'elles sont en feuille de chou. Sans rire, même si j'ai la couenne dure, ça pouvait dégénérer en cancer. Je voyais bien le coup que leur apparence n'allait pas s'arranger et que bientôt je n'allais plus pouvoir poser ma casquette sur ma tête.

Pour l'opération, j'avais apporté dans mon sac avec mon pyjama un petit barda de rien du tout, car une chambre d'hôpital c'est pas grand comme un champ ou ta campagne. J'avais un carnet pour la prise de notes, des fois qu'avec un petit peu de trouille j'aurais oublié les directives. Ce bloc tient dans la paume de ma main, un Rhodia orange avec son crayon à bois, parce que j'aime bien le sucer, il fortifie mon dentier. Même si depuis longtemps je n'ai plus de dents. En format, j'aime les carnets qui tiennent dans la poche.

J'ai eu l'idée à ce moment que ce serait le dernier carnet que je remplirais. Dans deux ans, je me disais, je ne serai plus là, je suis fichu, ça commence par les oreilles et ensuite je vais partir par petits morceaux. J'avais tort, ça fait déjà trois ans qu'elles ont été rabotées.

Pourquoi je me suis mis à écrire ma vie à l'hôpital sur un nouveau carnet, et même plutôt parler de ma mort qui approche ? D'abord parce qu'on m'avait condamné à me couper des morceaux d'oreille et j'avais une sorte d'appréhension, quand même. Je ne crains pas grand-chose à part les toubibs, c'est vrai, et je crains de rester à l'hôpital, sans pouvoir revenir chez moi. Je veux parler de mourir ailleurs que dans mon lit, c'est un coup à ne pas retrouver ma route pour rentrer. Je ne tiens pas trop à ce que m'arrive une connerie pareille. Être opéré implique un petit danger, quand même.

J'avais ce crayon de bois et un couteau avec moi, pour m'occuper, alors j'ai choisi de sortir le crayon, pour ne pas qu'on me remarque de trop. Le couteau, même s'il est petit et plié, ça ne passe pas toujours bien partout, surtout actuellement.

J'étais à l'hôpital à attendre qu'on me charcute, qu'on me massicote, on dit ici marcassiner, littéralement couper en lambeaux. Ce n'était pas la vie, parce que je n'avais rien à faire, qu'à attendre dans un lit une journée et deux nuits. Je ne sais pas comment ça s'appelle être dans son lit longtemps, j'ai donc trouvé à m'occuper. Comme je me décapitais[1], je me mettais la tête à l'envers d'angoisse, pour penser à autre chose j'ai commencé à écrire comme un écrivain, avec tes mots d'écrivain, mais ça n'a pas duré : « Paysan depuis mon origine tout au long de mes récits et même de poèmes, je me vois courbé à arracher les mauvaises herbes et si je suis en repos je me vois courbé une faucille en main, à couper les plantes qui te foutent la brouille dans tes cultures... » Là je me suis dit : avec Catherine on refera un bouquin du Paul qui marcassine et mouronne à l'hôpital. Ensuite, après plusieurs lignes, j'ai écrit moins de phrases, je me fatiguais trop à vouloir écrire joli et puis j'ai pensé : c'est ton boulot d'écrire ! J'ai noté plutôt des pensées de ma mort et de la vie. La vie comme une passante en moi, la mort aussi faut croire qu'elle va passer, il n'y a pas de raison. Des phrases comme des questions, c'est plus court et ça n'apporte pas forcément de réponses, tant mieux. Comme au sujet de la mort je n'ai pas vraiment de réponse, ça m'a bien accommodé d'écrire par petites portions sur ce carnet d'hôpital. Des portions bizarres, comme ce que l'on m'apportait dans le plateau-repas, tu ne sais pas par quel bout commencer à manger tellement ça ne ressemble à rien ce qu'on t'apporte dans tes gamelles de plastique. Ce goût de rien du tout, à l'hôpital, tu ne reconnais pas les aliments, incroyable mais vrai. Et tu as quantité de gens qui meurent à l'hôpital, qui crachent[2] avec ce goût de rien dans la bouche !

1. Je perdais la raison et donc la tête.
2. Patientent de mourir.

C'est peut-être pour cela que dans ce carnet du fond de mon lit, il y a plein de points d'interrogation. De plus, dans la journée, après l'opération, j'ai eu mal aux oreilles, quand l'anesthésie s'est réveillée, les phrases sont venues, mais plus courtes, à ma manière à moi.

Souvent, quand j'écris je pense aux morts, à ceux qui ne sont plus là, à leur mode de travail, aux femmes comme aux hommes bien sûr. Pourquoi laisser trace de tout ça ? D'eux, des disparus et de mon travail, par le biais de ce que je note ? Pour peut-être aujourd'hui espérer la protection de la nature, le respect de ceux qui t'ont mis au monde dans cette nature, et cette nature qui t'a mis au monde. Mes ancêtres ne m'ont rien laissé par écrit, et s'ils ne m'ont rien laissé, le père ce qui l'a foutu en l'air, c'est la guerre 14-18, et il ne voulait pas que cette horreur à travers moi survive et revive. À trop raconter on donne des envies de la violence et de la vengeance. S'il l'avait écrite, sa guerre dans les tranchées, comment il avait perdu ses doigts arrachés, j'aurais pu la raconter à mon tour ensuite et elle aurait survécu à travers lui, à cause de moi. À partir de là, en se taisant, il a éteint la guerre pour qu'elle ne revienne pas.

Pourtant, on l'a revue.

Ça ne sert à rien de ne pas en parler, de ne pas parler des choses fâcheuses, de la colère, je me suis donc permis d'écrire. Je fais des fautes bien entendu et des erreurs, comme dans tout boulot, au fond.

Quand je me suis mis à écrire autrefois, je ne savais encore rien de rien de moi, mais j'ai eu l'idée que je devais raconter ma guerre à moi, pour protéger ce qui nous vient des ancêtres, pour aboutir au respect des autres, des gens, des humains, c'est lié.

Écrire ma terre. Mon bout de terre et la vôtre évidemment. Mais aussi ma guerre, la Seconde Guerre mondiale, quand les Allemands, les visiteurs comme je les nomme, sont venus tout te prendre et t'ont juste laissé en vie, mais en tuant des millions de toi-même et d'eux-mêmes.

J'avais entendu les atrocités de la Seconde Guerre mondiale, mais il y a quelque temps, quand j'ai mis ma main sur l'épaule d'un jeune Allemand en visite, la paix nous a sauté dessus à lui, moi et son père, et je suis si content que mon livre *Testament d'un paysan en voie de disparition* soit publié en Allemagne, ça a été comme une consolation quand il a paru là-bas. Quelqu'un m'a dit que le mot Boches dans le livre a été traduit par les visiteurs venus d'ailleurs. Mon père aurait été furieux de me voir les accueillir à la maison, j'aurais eu les gros yeux. Le livre traduit en allemand m'a ému, c'est vrai. L'été dernier, des jeunes Allemandes sont venues. J'avais cette arrière-pensée en entendant leur accent, elles se sont assises à ma table, parce que l'amour est absolument plus fort comme sentiment que la haine. J'ai eu leur sourire longtemps dans ma mémoire et je l'ai encore. C'est pour cela que c'est important d'écrire.

Ma colère, la plus grande de ma vie, c'est la souffrance des gens, la vie ne doit pas être de la souffrance. Contre les Allemands j'ai eu de la rancune mais ils étaient des hommes, emprisonnés eux aussi par la guerre, ceux d'ici – je ne parle pas des nazis, qui sont des monstres. La guerre tue tout le monde. Moi et le Boche, qui me donnait des sucreries le soir en me croisant à mes étables quand j'avais douze ans, la mort nous atteint lui et moi tout pareil. Le mal est présent, la question de l'humain je veux la laisser avec moi-même.

J'écris parce que je cherche des réponses qui n'en finissent pas de ne pas me répondre. Je me revois commencer ce dernier carnet, je suis à l'hôpital pour mes oreilles, je n'entends pas bien car j'ai des pansements. Sur mon lit, allongé, je suis inutile. Je me suis dit : le pardon je dois l'écrire, la pensée me venait de la guerre, car je n'étais pas occupé à ce moment avec mon corps et mes muscles dans le froid et la grêle. Je me suis mis à pensouiller, là tout seul dans ma chambre, et de la guerre m'est venue l'idée d'écrire comment je deviens vieux. Et sans savoir pourquoi j'écrivais, dans l'idée de reprendre mes pensées plus tard, avec toi qui es un peu ma secrétaire, comme le mot secret, sur un cahier plus grand, j'ai pris des notes les quelques jours d'hosto. Je te raconte et je ne sais pas ce que tu vas tirer de toutes mes bêtises. Tirer, comme tirer du lait, c'est nourrir, non ?

Aujourd'hui je suis rentré depuis longtemps, mes oreilles ont cicatrisé. Des mauvaises graines à l'oreille, on m'en a coupé un bout, tout le haut, ça a été douloureux surtout après, ça oui, mais avec ces bouts d'oreille en moins j'ai moins de chances de devenir un bourricot !

Une chance que tout cicatrise.

Ce carnet d'hôpital, je ne le range pas dans ma boîte à carnets, avec les autres, je ne le range pas au même endroit, il est plus accessible, dans mon placard juste en dessus, là où je range mes sabots. Ainsi je le prends tout le temps avec moi dans ma poche. Je savais que tu viendrais me questionner dessus, pour tes recherches à l'université, sur les vieux machins qui comme moi écrivent tout le temps, pour passer le temps. Le grand temps naturel rythme mes jours, mes semaines, mes années. Je l'accepte. Il m'offre, parce que je le prends comme il vient, du temps dans le temps. Aujourd'hui, combien de personnes pensent être les maîtres ? Alors qu'ils n'ont plus de temps de rien, ni à rien. Je t'avais promis quelque chose sur la mort alors voilà, on peut repartir de là, parler du pas à pas vers elle, quand elle approche de plus en plus. En parler pour que tout recommence en quelque sorte. Ces vingt pages d'hôpital, ça m'a pris tout mon temps même la nuit. Ça me venait d'écrire.

J'appelle cela des poèmes, peut-être parce que c'est écrit par petits morceaux, le mot me va. Le mot *poème* donne de l'émotion, j'avais encore de la tête que je n'ai plus maintenant, je perds légèrement la mémoire. J'ai la mémoire d'un vieux, je crois que je l'égare, je suis dans ma dernière phase de vie, elle dure combien ? Je ne sais pas, on verra ! Parce qu'avant je n'en étais pas même à la moitié – on dit ici à la moitié du vent – et actuellement, pour moi, si je calcule bien, je suis en temps de vie à plus qu'à la moitié du vent, ça souffle. N'oublie pas.

Mes carnets je pourrais les donner aux archives de la Manche, mais pourquoi les donner à lire ? Ils sont seulement un petit peu de la mémoire d'un crochu au vent. Je ne voudrais pas qu'ils partent dans un musée, surtout pas, je peux te les montrer car tu t'intéresses à ma vie, mais pas te les donner. Une vie ne peut s'offrir, tu ne peux pas la donner, chacun doit avoir la sienne pour bien la vivre, sans la copier sur quelqu'un. Une vie ne peut se confier complètement, et puis si tu farfouilles dans mes carnets, tu voudras y dénicher des rires et des pleurs, les mots de l'écriture, de l'invention. Mes mots, ceux que je raconte, ne sont pas de l'invention, tu serais déçue ou déçue de moi en fouillant les mots dedans.

Quand je me suis mis à écrire ma vie, c'était à la mort du père, je n'ai rien su de lui. Je ne savais rien de lui et je ne saurai jamais rien de lui. Alors j'ai commencé mes carnets, avec des petites choses très ennuyeuses pour ceux qui ne sont pas paysans. Des détails de mes champs et de mes bêtes. J'ai l'impression que j'ai plusieurs vies en une seule !

Je me suis lu pour me croire et je ne me crois toujours pas.

J'ai continué chaque jour à écrire et de plus en plus en vieillissant. Quand je suis tombé malade autrefois, d'une rougeole puis d'une jaunisse, j'ai été réveillé par le jeûne, par l'absence de nourriture, mon corps s'est défendu de ce moment où j'ai résisté pour que la mort ne vienne pas me chercher. Je n'étais pas attaché à la vie, pas plus que maintenant, mes carnets – en tout plus de cinquante – marquent mes années de vivant, une sorte de bavardage de ma vie.

La bavette, mon bavardage, j'aime assez, je dois avouer. Mes carnets, je crois, me disent que j'ai bien fait de ne pas mourir à ce moment-là de ma jeunesse ! Voilà comment ça m'est venu de raconter comment je deviens vieux, parce que je me sens vivant en définitive. Je compte mes légumes, je conte aussi mes petites aventures de potager. Écrire et cultiver, ce serait bien le même métier ! Parce que je suis dans le décomptage de mes années, avant que le vent ne m'emmène d'un grand coup, pan ! Un crayon ça ne peut pas raconter tout ça. Tout ça se vit. Avec mes carnets, j'ai mon passé au fond de mes poches et j'ai aussi ma vie qui arrive me chercher, l'autre vie tout pareil elle tient aussi au fond de mes poches. Je crois parfois que j'ai tout oublié d'elle, et pourtant elle vient vraiment me chercher. La trace, ma trace est dans le fond de mes poches, dans le fond de mes oreilles et de mes yeux et dans le fond de l'océan, où je suis allé bien des fois et parfois.

Mon carnet, ce nouveau carnet, on en fait vite le tour, et quand je le range le soir, dedans il y a du sable, de la terre, des brins d'herbe, alors je le secoue dehors avant de rentrer.

D'écrire, parfois j'avoue, j'oublie aussi.

Aujourd'hui encore, tu es venue me voir, j'ai fini ma page ainsi parce que je sais que je vais te la montrer : *Je gribouille et je ne sais toujours rien, rien vraiment.* Je voulais ainsi ne pas oublier de te parler des certitudes. Tu sais, tant mieux, tant mieux si je me trompe de chemin, car dès que je me pose des questions sur ce qui ne s'apprend pas dans les livres, je suis dans ma vie. La vie en vrai.

La trace de moi, ce n'est pas ce que j'écris mais plutôt ce que je ramène dans mes poches avant de rentrer le soir. Les mots que j'écris après avoir sucé mon crayon, ce n'est pas de la mécanique, c'est écrire ce que j'observe, ce que je vois ; comme le chat sur sa chaise, il écoute, il voit et ne dit rien mais il a la conscience des choses, sans pouvoir répondre toujours aux questions qu'il se pose. La mécanique n'a pas de conscience, tu files un petit coup de clef et voilà. La conscience c'est curieux, dans mes carnets c'est la routine peut-être, mais ça ne s'apprend pas par cœur, car on ne peut pas répéter la météo, le temps, la pluie, les plantations et les visites. J'appelle cela le boulot, les carnets racontent mon boulot. Ce n'est pas de la mécanique, un vieux bonhomme dans son jardin ou son atelier, tu es d'accord avec moi, j'espère !

Une paire de Zieux[1]

Autrefois je regardais dans les yeux de mon père ce que je vois encore aujourd'hui, je voyais dans les yeux de mon voisin bienveillant ce que j'allais penser plus tard, ce qui a traversé ce monde, ce que j'ai laissé passer en moi, cette respiration de mon paysage.

Je me disais : je suis comme eux.

J'ai ouvert en les écarquillant mes yeux pour voir et vivre.

Je voyais bien. Puis j'ai moins vu, c'était l'ordre des choses, c'était vieillir, plus besoin de regarder les yeux des autres, car j'avais déjà beaucoup appris. Je voyais et j'étais jeune, je n'avais pas de recul sur la vie, je prenais de mes yeux, je m'en servais pour mieux pêcher, pour mieux récolter, mieux comprendre les images devant moi, de mon monde à moi pour mon travail surtout. Je savais où j'en étais, la hauteur du brin d'herbe, la hauteur des plants de pommes de terre.

Je me parlais en moi-même : Paul, comme c'est là tu as bien fait, ou : Paul, comme c'est là ça va pas, non ça va pas, si ça continue les derniers plants, les graines des anciens triées

1. Une paire de lunettes.

depuis des décennies ne donneront plus et tu vas les perdre à jamais. Il faudra que tu ailles en acheter alors même que tes graines te viennent de tes ancêtres.

Je devais réagir.

La lente maturation des plantations, la santé des bêtes mais aussi celle des gens ne pouvaient se perdre. Sans vue, disons quand ma vue a baissé, il y a dix ans surtout, j'ai pensé : Paul, t'es fichu, tu ne sais plus ! Non pas que je ne savais plus conduire mon tracteur, ma voiture, ma mobylette – j'avais une paire de zieux pour ça –, non, je ne savais plus voir pour prévoir dans mes champs et pour la pêche. Je ne savais plus voir naturellement comme avant, je n'avais plus l'intuition pour mon métier. Plutôt j'en avais moins, quelque chose se cachait de moi.

Au départ, je le sais maintenant, de moins voir ça m'arrangeait, je ne voulais plus tout voir, comme le monde devenait et la vie autour de moi devenait. J'ai tardé à en parler à mon médecin. Je voyais juste la silhouette des gens, et je me cassais la gueule sur les bords de trottoir, je m'engueulais tout seul de ce qui m'arrivait.

Le flou dans mes yeux me libérait des tracas de mon métier que je venais d'abandonner. J'ai pris ma retraite en 2004, j'avais soixante-quatorze ans. Je voyais moins, je me tracassais moins de comment telle semence avait pris dans le champ que je cultivais encore. Avec sagesse, je me résignais à moins voir. Une bonne vue pour moi était bien moins importante qu'autrefois, lors de ma pleine activité.

Je pensais : je touche une toute petite retraite, suffisante pour vivre, alors si mes cultures poussent moins vite, on mangera quand même, moi et mes deux sœurs avec qui je vis. Plus question d'un petit coup d'œil : si je voulais voir, je devais presque me mettre à quatre pattes pour surveiller mes patates lever ! Je me mettais à quatre pattes, c'est la terre qui commande.

Tes yeux comme ton corps, tu te déplaces avec eux, ils te disent que tu es là où tu es. J'avais passé ma vie les genoux à terre, pour traire, comme pour planter. Mes pantalons en portent la trace de ce ras-de-terre. Je devais me concentrer pour voir, pour marcher et même pour lire, et ça me prenait du temps, beaucoup plus de temps, et du temps j'en possède à l'infini.

Ce temps passait plus vite. Je m'oubliais. Avec la vue de mes yeux qui baissait, j'oubliais, dans cet effort pour voir, si je puis dire, l'image de mes dernières vaches quand je les ai mises au camion de mon ami vendeur de bestiaux. J'oubliais mon chagrin de les avoir vendues, j'avoue. J'oubliais que je n'avais plus d'horaires, plus d'obligations, même si j'avais toujours résisté pour en avoir le moins possible.

J'oubliais la jeunesse, j'oubliais les regrets, comme cette femme aimée à qui je ne suis jamais allé dire mes sentiments, à part en tout dernier lieu, quand elle est décédée.

J'oubliais la dureté du métier, sa solitude surtout et mes souvenirs, quand je tirais encore sur la corde des cloches de ma petite église de campagne dans la Hague, dont je suis sacristain. L'une d'elles porte mon nom d'ailleurs, ça veut dire que Paul Bedel se fait taper dessus un petit peu tous les jours ! Oui, c'était long pour moi qui restais enroché aux champs de mes ancêtres et pendu tout seul au bout de cette corde qui rythmait les fêtes de mon village. C'était bien avant que le mécanisme soit électrifié. J'ai appris ensuite à appuyer sur les boutons qui font le boulot à ma place. À ce moment, j'ai compris que la campagne serait gaspillée, tout le monde la quittait, et même les sacristains ne seraient plus remplacés. On attendrait qu'ils meurent, puisqu'ils sont bénévoles, et voilà.

Moins voir n'avait pas beaucoup d'importance, car ce que tu vois t'appartient quand même et je n'ai jamais voulu que quelque chose m'appartienne complètement.

Ensuite, j'oubliais en y voyant mal qu'on se moquait de ce Paul Bedel à la traîne du progrès. On m'avait traité d'arriéré durant presque toute ma vie, parce que j'avais refusé de mettre mon lait à la laiterie pour ne pas dépendre de l'horaire de l'industrie, pour ne pas devenir ouvrier d'une industrie et rester ouvrier de ma terre. J'avais avec mes sœurs fabriqué et vendu nos produits laitiers, nous avions gardé notre liberté. En gros nous avions tenu avec des petits bouts de beurre. On pensait bien souvent : Paul c'est un abruti, il n'a pas même acheté une machine à traire électrique, il trait encore avec ses mains et à genoux. (J'étais la machine à traire, avec mes sœurs, le machin à traire si tu préfères !) Il s'épuise à étaler son varech dans ses champs pour les amender sans les empoisonner avec des sacs d'engrais. Puis des gens ont été touchés par mes différents témoignages et cela m'a consolé d'avoir géré ma ferme à mon idée et celle des sœurs.

Moins voir, c'était tout ça.

Je m'étais résigné à perdre la vue, à mal voir et à regarder mes pieds pour ne pas tomber. Docile, je m'étais entraîné un petit temps à avoir mal au cœur avec des lunettes à verres progressifs. Des lunettes que je n'utilisais plus que quand je ne bougeais pas et donc quand j'étais assis. Ça tanguait trop en marchant avec des verres bizarres, je n'ai jamais eu le pied marin, je suis de la terre et des rochers. Je me suis pris, à cause de mes lunettes, des bouts de trottoir et des mauvaises marches dans des escaliers. Les lunettes à verres progressifs te font te casser la gueule, alors même que tu n'es jamais tombé dans ta vie, autant ne pas les porter et rester entier. J'étais fâché contre elles, j'ai repris mes anciennes qui ne me permettaient pas de voir de loin.

Je commençais à avoir un petit train-train pour ne pas fatiguer ma vue, ni du coup mes pensées. J'allais vieillir tranquillement dans l'insouciance, sans la compagnie des détails qui prennent la tête. J'allais devoir encore plus toucher, et comme je voulais comprendre, je décidais de m'approcher des choses, à ma façon. J'arrivais à voir encore en touchant et en tâtant le varech ou les plantes, mais aussi en les goûtant. Les algues n'ont pas le même goût, ni la même texture en fonction des marées, et puis goûter la terre, la mettre dans ma bouche, je l'ai toujours fait. Pour réparer mon tracteur, je pouvais fabriquer les boulons sans trop voir mes mains, j'usinais les pièces par habitude, par tâtonnements. Le regard et le toucher, à force d'être vieux, ça se ressemble. C'est vrai, je ne pouvais plus regarder les photographies, du moins plus vraiment, mais comme je les connaissais, je m'en souvenais et cela me suffisait. Une photographie c'est aussi des voix, des rires, un moment dont on se souvient, ma mémoire fonctionnait encore sans trop d'efforts.

Je disparaissais parce que les choses disparaissaient de ma vue. Je l'acceptais, mais je ne pouvais accepter que les gens disparaissent près de moi, alors qu'ils étaient là. J'avais appris à bien voir avec mon père en semant la terre, à la travailler, à la comprendre, et j'avais appris à mieux voir et maintenant j'allais apprendre à moins voir. Je me disais : avec l'âge, je ne vais pas être embêté par des choses inutiles.

J'avais appris avec ma mère les mots des choses autour de moi, en les nommant, parce qu'elle me disait les choses, alors que mon père, très peu bavard, me montrait, je le regardais. Ni l'un ni l'autre ne sont plus là pour me faire voir et j'avais vu vraiment vu grâce à eux. J'avais eu mon temps de vue et de voir. J'avais vu avec les yeux des parents.

Je me raisonnais : je sais beaucoup par l'expérience et mon âge, à force d'avoir fabriqué et vu, et maintenant je vais moins comprendre, moins me tracasser, c'est la retraite. Je vais vers l'invisible, la mort donc. C'était dans l'ordre des choses. Ne plus voir c'était un au revoir !

Je me trompais, les choses ne sont pas simples même pour un simple comme moi. À un moment, ce qui demande d'être vu en détail, comme les gens, ça, je n'ai plus pu, sans mes yeux d'avant. Je savais et je le sais toujours que le monde n'est pas immobile, mais il le devenait à force. Je sortais moins.

La vieillesse et celle de mes yeux, inévitable avec la cataracte, me mettaient de la distance avec ce qui m'entourait, je ne communiquais plus pareil, plus pleinement, complètement. J'allais définin[1] aveugle, ça ne me plaisait pas trop l'idée de ne pas voir ce moment de ma vie.

La vision était venue naturellement après ma naissance, je ne suis pas né aveugle. Je devais me décider à me faire opérer ou non. Ce que j'ignorais c'est que j'allais me rendre compte de ce que voir veut dire, après avoir retrouvé la vue

1. Finir, dans le sens de mourir.

complète. Bon, cette fois non pas naturellement, mais avec un petit coup de pouce du chirurgien.

J'étais aveuglé de ne plus voir, ça me titillait de lâcher tout et puis surtout je ne mourrais pas. Alors comme je ne mourrais pas, j'ai pris rendez-vous pour l'opération et ça a été très vite de revoir. Mais ce que je ne savais pas encore, c'est que j'allais devoir réapprendre à voir. Je ne peux pas parler de souffrance mais plutôt de confrontation avec ce qui est visible. Car si je ne voyais plus depuis un certain temps, ça avait descendu progressivement, la vue est revenue d'un coup et ça a été bizarre. Ça a commencé le matin, quand l'infirmière à l'hôpital est venue pour m'enlever mon pansement. Je craignais un peu l'opération et son résultat. Le chirurgien ne m'avait rien expliqué, mais je ne lui avais rien demandé, c'est vrai. Il a tiré le brouillard en définitive.

L'infirmière me parlait et je n'ai pas pu me taire en ouvrant les yeux, ahuri j'ai débagoulé trop vite, par surprise de moi :

– Bon sang, quelle tête que vous avez comme ça !

Elle s'est rebiffée, en me rouspétant, elle ne ressemblait pas du tout à la même que celle du soir. Elle avait changé, mais elle avait pourtant la même voix. Je lui ai expliqué que je ne la reconnaissais pas et elle a quand même souri, dans la matinée nous nous sommes ramarrés[1].

J'ai compris que cette opération allait changer ma vie. Quand je suis rentré chez moi, quelle surprise ça a été, car mes sœurs je les ai trouvées vieillies. Cette fois je n'ai rien dit pour ne vexer personne. Mais nous trois, Marie-Jeanne,

1. Réconciliés, avec l'idée de renouer (un lien, des cordes, etc.).

Françoise et moi, avions pris un coup de vieux dans le miroir. Je me suis longuement regardé dedans, difficilement quand même car le nôtre est très petit, j'ai vu mes rides tracées à la truelle. Des rides parce que la lumière, plus que le soleil, de mon bout de la terre me fait plisser les yeux. J'avais bien changé, je ne me reconnaissais plus la goule. Bon, l'avantage c'est que je peux à nouveau me papilloter[1].

1. Me faire beau.

Moins voir et revoir

Il faut être filmé pour se voir et se croire ! Et encore, j'avais plusieurs années de moins au moment où j'ai accepté d'apparaître dans un film documentaire[1]. Pendant plusieurs jours, après mon opération, je suis parti à l'aventure de voir, non pas revoir pareillement car tout autour de moi les choses et les gens étaient clairement différents en venant à moi. Envers eux, j'étais comme un petit gosse qui découvrait un lieu, ça m'a occupé un moment. Ça m'a demandé un effort. J'espérais que mon paysage n'avait pas bougé, il n'avait pas bougé depuis des siècles autour de moi en apparence. Je l'avais regardé de près puis de loin et à nouveau de près. Ce que je veux raconter, c'est que revoir me tracasse et me tourmente.

Ça a commencé par le sol de mon jardin, je me suis mis à perdre mon temps en ramassant des bouts de verre, que les pluies avaient permis de remonter au fil des années. Des morceaux du temps de guerre, de la Seconde Guerre mondiale car il y avait eu un drame, une voiture de soldats avait explosé

1. *Paul dans sa vie*, de Rémi Mauger, 2006.

sous une bombe anglaise et les vitres des maisons alentour s'étaient éparpillées. Ce verre remonté, je l'ai ramassé pour en remplir une boîte en fer entière. Ça m'a pris des jours et il y en a encore.

Un ami et voisin qui est décédé cette année est venu vers moi et s'est amusé de ma manie de gratter la terre légèrement pour en ôter les verres mais pas les bons (car bien sûr les vers de terre je les laisse nettoyer et aérer le sous-sol, je n'y touche pas) :

– Paul, on voit bien que tu y vois maintenant, tu t'embêtes bien.

Il lui était arrivé la même chose. Trop voir quand on n'a plus vu, c'est embêtant, du coup me voici à genoux à grattouiller tout ce qui ne va pas. Je ne voyais plus que des silhouettes, et là je revois les gens en entier avec leur vieillesse qui me parle de la mienne. Je m'habitue aux nouvelles images des gens qui m'entourent, ils ne ressemblent plus à ceux que je connais et pourtant c'est moi qui ai changé quelque chose dans mes yeux, pas eux.

Maintenant je revois les petites choses que les autres ne voient pas même s'ils y voient vraiment. Les gens voient et ne regardent pas. Comme moi je n'ai plus vu, j'en profite pour bien tout regarder. J'aime soudain, bien plus qu'autrefois, admirer les petites bêtes, actuellement il y a même des rouges-gorges qui viennent se reposer sur mon paletot. J'ai de la misère à tuer la limace, je forme plus encore qu'autrefois un tout avec la nature. Je passe du temps à observer les fourmis, les coccinelles. Nous reviennent quelques papillons, pas tous, les insecticides les ont assassinés. Des survivants en quelque sorte. Comme je n'ai plus vu et que je revois j'en profite. J'aime toutes les petites bêtes, je grouille avec elles.

Dans le positif de mon opération réussie de la cataracte, je peux lire sans lunettes sauf les lettres du journal, même si avec des efforts je réussis quand même. Je m'émerveille et je marche définitivement sans mes lunettes progressives.

Je discerne à nouveau les petits bateaux devant moi, près du phare de Goury, ils s'agitent autour, secoués et brassés par le courant du Raz Blanchard. Je les suis du regard. Je ne me demande pas où ils vont, car je m'en doute suivant la marée si elle monte ou descend. Je ne voudrais pas être dedans. Les regarder fait partie de mon travail, je regarde mon paysage, ce territoire où je vis. Je suis encore un peu un veilleur, en attendant ma dernière vague, avant de cllapotaer[1].

Certaines embarcations patinent un peu. Le Raz Blanchard les immobilise. Je suis côtier, je suis un homme de la côte, pas un marin. Beaucoup ici ne sont ni marins ni côtiers, ils ne vivent pas avec leur paysage. Des gens ici achètent des maisons et ne vont jamais à la pêche ! C'est incroyable. La partie de la côte que j'apprécie démarre à Gélétan, jusqu'aux Grainetiers, mon territoire de vision, ce sont les noms des rochers, je ne vais pas plus loin.

Je suis un peu sauvage dans mon genre, dans le bon sens il me semble. La campagne où je suis bien n'est ni enclose complètement, ni rectiligne, ni désherbée totalement, ce qui la dénaturerait. Les murs doivent y être tordus, les vaches y dévorer des fleurs un peu au hasard, et les chemins doivent

1. Prendre le dernier clapot : mourir.

pouvoir se prendre en dehors de ce qui est tracé et goudronné. Toutefois, ce que je vois depuis que l'on m'a ôté mon brouillard, ce dont je m'aperçois ne me plaît pas vraiment. J'ai l'impression que l'on veut enlever le sauvage, le naturel coûte que coûte d'ici et certainement d'ailleurs. Je t'explique.

Pour aller à la basse mer[1], je passe par les champs des autres, j'ai plus de plaisir, j'ai de la surprise plus qu'à longer la route. À l'origine les politiques voulaient fabriquer une route qui aurait longé la côte sauvage, heureusement le projet a été abandonné et nous avons gardé les sentiers des douaniers à l'identique. Cette décision de ne pas tracer une route a permis à la Hague de garder bien plus de charme. Mais nous n'avons pas été vigilants et nous n'avons pas pensé à garder intact ce qui demeurait depuis toujours, c'est-à-dire les barrières et les haies mais aussi les murets. Les chemins c'est bien, mais j'aime bien marcher à côté et ce que je vois, depuis mes yeux réparés, ne m'intéresse plus vraiment. Je me revois petiot après la guerre, à rehausser les murs autour de nos champs, les Boches avaient pris nos pierres pour les poser sur nos sentes boueuses, ils avaient démoli ce qui nous venait des premiers cultivateurs d'ici, et tous ici nous avions remonté nos manches pour les réparer et surtout enlever les traces de leur passage, les traces de la guerre et de l'Occupation. Occupation qui avait changé le regard de mon père, parce qu'il les avait déjà vus de près les Allemands. La guerre avait détruit son regard, découragé sa joie de vivre, après tout ce Trafalgar, les bombes dans notre village et les champs bétonnés pour la construction de leurs

1. À la mer, à l'heure de la marée.

blockhaus. Les guerres durent longtemps après la paix. Je crois même que la paix ne vient que par le mot que l'on en dit, sur l'amont du mot[1].

Je ne retrouve plus les champs des autres, je ne sais plus à qui ils appartiennent, cela me désole. Le labyrinthe de petits clos dans ma mémoire a disparu. Tout était clair dans ma mémoire et mes nouveaux yeux se perdent, me perdent. Maintenant, dans les clos, tout est lisse, plus rien n'arrête mon regard. Plus une barrière ne pend pour délimiter l'espace, à part de la ficelle, ça n'a pas de sens. Là où il y a encore des barrières en bois, les murets sont réparés, respectés et il n'y a pas de ronces. Dans les champs, ceux à bouts de ficelle, le travail des anciens est bafoué.

Si la mer monte, par leur faute de ne pas avoir entretenu le littoral, il n'y aura plus rien pour retenir l'eau. L'eau d'ailleurs reste en bas de leurs champs, car les rigoles n'y sont plus entretenues. Notre paysage est en démence[2].

Si on y réfléchit, avant les routes bitumées, il y avait les fêtes de village ; les pardons, les pèlerinages et les kermesses, on se crottait pour aller d'un lieu à un autre. Les routes ont amené des gens nouveaux, bien proprement on va et vient, pourtant les vieux, s'ils revenaient, diraient que la Hague est bien abîmée. Sous prétexte de conserver les cllos, on les démolit. Les gens nouveaux n'ont plus l'idée du paysage comme il a été entretenu depuis des millénaires. Par en bas, il n'y a plus une barrière en bois, plus une brèque de cllos, c'est-à-dire une brèche vide avant d'entrer dans un champ.

---

1. La hauteur du mot.
2. Mal rangé.

Elles sont remplacées par des bouts de corde et quelques poteaux en fer. On fout les fossés en l'air, ce ne sont plus des fossés, les champs ne ressemblent plus à rien. Il n'y a plus rien, plus d'abri pour les bêtes. Les vieux ont mis une vie à construire ce que l'on démolit en dix ans, c'est-à-dire le temps que je n'ai plus bien vu, quand j'ai perdu un temps mes yeux.

Il faut que les hommes démolissent, ils ne prennent plus le temps pour garder en l'état, à la manière des vieux, qui, eux, n'étaient pas fous. C'est pénible de voir cela. De savoir qu'il y a eu tant de gens et tant de siècles derrière et se rendre compte qu'en un rien on détruit. La pierre tombe d'un muret, tu la ramasses et cela prend peu de temps, mais si tu la laisses par terre c'est le mur qui fiche le camp, il ne tient plus.

Ce que je ne comprends pas, c'est que les gens du littoral, ces gâcheux, avec leur instruction, ne comprennent rien. Ils n'exigent pas l'intelligence pour la préservation de nos côtes et du paysage qui a un sens, d'ailleurs on ne les voit jamais ces gens. Ils ont donné autrefois aux gens qui n'étaient pas tous agriculteurs nos champs pour rien, et ces gens qui n'ont pas payé nos champs auraient dû s'engager en contre-partie à les préserver et à les entretenir. En résumé, le littoral se fiche absolument de la protection du littoral, ça saute aux yeux ! Ils n'ont pas la pensée assez fine pour penser l'avenir, notamment de ce que la destruction des murets et des talus va engendrer. Depuis que le chirurgien m'a enlevé mon brouillard, pour résumer, je n'ai plus mon pays.

Dans ma presqu'île, là où la terre s'arrête, on se croirait en temps de guerre, aussi violent en quatre ou cinq ans dans les destructions matérielles. Les Boches durant la Seconde Guerre mondiale l'avaient détruite, après eux, nous jeunes, à l'époque, nous avons reconstruit. Durant quinze ans, la terre rapportée n'a rien donné mais nous l'avons enrichie avec des algues et du fumier et elle a repris vie. Ceux à qui appartiennent les champs aujourd'hui tuent les murets de pierres sèches et ces murs vivaient à la force du vent. Si on accepte que ce que l'homme a construit durant des siècles soit détruit, par manque d'entretien et de bons soins, on détruit l'humain. Et moi je voudrais avoir l'énergie de continuer, même seul, mais je suis trop vieux, je n'y peux plus rien, j'ai donné ma part.

Les plus jeunes vont me traiter de vieux con en lisant cela, pas tous bien sûr. C'est un peu contre les vieux qu'ils ne font pas ou plus comme depuis toujours, mais au fond c'est contre eux.

Ils disent :

– Dans la vie moderne, tu casses, tu ne répares pas. Tu prends la place des vieux !

Ça ne me dit plus rien d'aller dans les champs admirer les murets ou les belles entrées des champs, en granit gris. Je longe les chemins maintenant, ça me fait trop mal de les regarder disparaître. Sur les chemins bitumés, moche, c'est moche, tu sais à quoi t'en tenir.

J'accepte de disparaître, mais de voir disparaître mon travail hérité de mes ancêtres, ça, je ne l'accepte pas. Je laisse de côté ce morceau de paysage, alors même qu'il comblait autrefois ma vie et ma vue, parce qu'on doit aimer les pierres, je crois.

À la place ça bétonne ! Comme là-haut, avec l'usine

nucléaire de la Hague, on a détruit pour toujours la terre. La nature subit et ne doit plus rien comprendre. Le béton comme les pesticides démantibulent la terre pour toujours.

La vie enterrée ne continue pas, la mort vient d'au-dessous, la terre qui meurt ne permet plus les récoltes, la nourriture humaine et animale. Nous sommes obligés de subir le progrès des hommes, mais la destruction ne devrait pas concerner les sols. On enterre la culture, on enterre l'intelligence sous le béton, le bon sens, rien n'est sage. Plus la nature est enterrée, moins elle sera vive.

Je n'ai jamais creusé trop profond, ni en moi en réfléchissant ni en cultivant mes sols, sinon le trop ça étouffe. Tout le monde sait cela pourtant. La vie microbienne revient si elle n'est pas trop enterrée. Les vers et les insectes œuvrent bien gentiment pour nous et cela tout le monde semble l'oublier.

Depuis que je suis opéré, le chirurgien m'a rendu la vue et, comment dire, j'y vois trop.

Semer et récolter les lettres

Écrire ce n'est pas angoissant, ma vie je la raconte, mais on peut la voir tout pareil dans mon jardin que dans un livre et autrefois dans mes champs, comment je plantais, comment j'entretenais mes haies. Mon travail me raconte aussi bien. Je plante un peu souple, pas trop droit quand même. Les sillons te disent, les miens ont toujours été un peu naturellement tracés, de travers légèrement. Pour le reste, je me laisse porter par mon destin.

J'ai reçu des lettres très très touchantes. Je ne peux t'en confier pas même une seule, jamais, parce que je suis très respectueux de ce que les gens m'écrivent. Les lettres que l'on m'écrit sont secrètes, bien plus que dans la parole il y a de la vraie vie à l'intérieur. Les lettres ne peuvent être lues par quelqu'un d'autre que moi, si c'était des lettres d'amour je pourrais les publier, je m'en foutrais, mais là je ne peux pas. Car les lettres des gens, de ceux qui m'ont écrit après mes témoignages, je suis relié avec elles, partout où je vais et où je suis.

Ce que j'écris par contre, je veux bien le partager. De nombreux courriers sont emballés dans des cartons dans ma chambre, plus de trois mille assurément, des attestations sur ce que j'ai bien voulu partager, les gens ont eu la preuve et me l'écrivent. Nous sommes nombreux à vivre sur terre tendrement avec elle.

Il y a quelqu'un avec qui je suis toujours en contact, un homme. Beaucoup de lettres m'ont touché, mais surtout la sienne et celles qui ont suivi. Celle d'un monsieur, la trentaine. Un jeune monsieur.

J'ai transformé sa vie un peu en étant un modèle, comme d'être père sans être père. Sa première lettre est restée au milieu de toutes les autres, rangée parmi toutes mais par moi elle ne sera jamais oubliée. Je ne peux pas la mettre à part – normal, je la range avec les autres –, mais j'y pense tout le temps et depuis, avec cette personne, nous nous écrivons régulièrement. Le rapport aux mots, eux, je ne pensais pas leur donner tant d'importance. Je pensais autrefois que seuls les patates, les légumes, les vaches et les fleurs comptaient vraiment.

Il y en a qui m'écrivent secrètement, de la pensée d'en dedans d'eux. Quelque chose que je ne dois pas révéler. Les mots sont secrets, personnels, dans leurs lettres, et quand je les lis, par rapport à ce que j'ai confié de ma vie, c'est bon, je suis rassuré, on pense pareil, je ne suis plus seul. J'ai bien fait, je me dis, de partager un peu de moi. Je n'en suis pas plus fier, mais j'ai eu raison d'avoir témoigné. Les lettres me remercient, donc les gens me remercient.

Pourquoi je suis vivant, pourquoi je suis venu sur terre, je l'apprends un peu grâce à eux. En gros, lire les gens et leurs lettres me donne autant de surprises que mes semailles, j'apprends sur moi. Avant je n'avais que mes semailles à observer et je me connaissais peu. Si j'écris mes pensées, c'est que ça doit avoir du sens, mais je n'en connais pas le sens. Écrire soulage certaines choses. C'est comme semer ! Les mots tu les sèmes et tu ne sais pas toujours ce qu'ils vont devenir après toi ou en même temps que toi. Je ne refouille pas dans mes carnets car je les connais, ou alors rarement, pour te les montrer. Certains d'ailleurs s'ouvrent au couteau tellement le crochet qui les ferme est rouillé. Ils sont là, pourquoi ? Je ne le saurai pas de mon vivant. Mes années sont avec mes carnets, je groupe le tout, comme mes sacs de graines, au grenier.

Maintenant je me dis que je n'en ai pas pour bien long, je n'ai pas de descendance et cela converge dans ma croyance de laisser le fond de ma croyance là où elle est. Avec Dieu, comment te dire, je suis borné ! Vivre avec Dieu, puisqu'on en parle, c'est commencer sur terre à préparer ses petites affaires à emporter. Ma vie je ne la mène pas, elle est menée par quelqu'un qui la guide à travers tout – ça, on retrouve ma foi dans mes écrits et pour ça les mots c'est difficile. Ma foi ne peut pas être séparée de ma nature, de la tempête que j'ai notée une année et qui est tombée l'année suivante à la même période, je pressens les choses, je me souviens, je suis lié aux événements qui sont déjà arrivés : je suis un peu leur mémoire. De nombreuses personnes m'écrivent pour me rassurer, je ne suis pas tout seul à vivre ainsi, relié avec les choses qui ne sont pas humaines, mais qui ne sont pas inhumaines non plus !

Bon, tu reçois parfois des lettres comme à la télévision, elles sont écrites avec la même violence : « Paul, t'es un con ! » Je lis un peu et j'oublie, je les laisse de côté, il y en a eu quatre seulement. Sur plus de trois mille lettres, une seule m'a blessé vraiment, dans le milieu de la page, il y avait quatre lignes, j'ai eu très mal. Je n'ai pas répondu à cette femme, ça ne vaut pas un timbre. Bon, passons. Je me tais, le silence est très parlant. Elle n'a pas mené ma vie cette femme avec sa lettre, j'ai continué à ouvrir les autres !

Je les classe par année, j'en reçois depuis dix ans, après le témoignage de mon film documentaire, du film qui parlait de moi, de mes sœurs et de mon pays, ça a commencé là et après il y a eu mes bouquins. Ces lettres je les partage en petits tas. Je les trie en fonction du sujet. Il y a celles de gens qui me précèdent, dont des enfants, je veux dire des gens et des enfants qui sont décédés. Leur famille m'écrit pour me dire que… Pour que je sois prévenu. Nous avons créé un lien.

La peur de la mort pour moi n'existe pas, non, c'est une rencontre, en tant qu'humain tu as peur, mais en tant qu'autre chose tu ne peux pas avoir peur. Le dernier carnet je ne l'emporterai pas. Il restera là. Qui tombera sur mes carnets ? Mystère. Mes calepins sont personnels. Je ne sais rien du père, juste ses gestes, ceux que j'ai vécus de lui. Je ne connais pas ses pensées, j'aurais pu à travers ses écrits le connaître. Il ne parlait pas avec moi. Je me disais qu'avec lui, j'étais l'âne. Je faisais tout mal. Quand je lui ai dit que je restais là, que j'allais m'occuper des sœurs et du petit frère, laissant ma vie de côté, que je ne me marierais pas, pendant deux mois il a été différent, plus tendre. Deux mois et après tout a repris. J'ai été longtemps persuadé qu'il avait raison, que j'étais idiot. Mon père pensait que les gens se ficheraient toujours de son fils, parce que j'avais choisi une vie comme mes ancêtres, et maintenant les gens viennent me dire qu'une vie est écrite pour chacun d'entre nous. Jusqu'au bout on ne sait rien de nous. Ça vaut le coup d'aller jusqu'au bout, sans le connaître ce bout. Pourquoi écrire ?

J'écris comme un idiot, c'est important, pas comme un écrivain, instruit pour écrire. Je m'instruis moi-même, j'apprends de moi-même, écrivain c'est pareil : tu écris sans apprendre ou alors tu n'es pas écrivain. Pour te confier vraiment, parfois ça me prend des jours les phrases à écrire. Parce que j'aime écrire mes pensées, j'ai l'impression que ma vie dure plus longtemps, comme si les mots m'offraient des jours en plus.

Je ne dois pas être plus idiot qu'un autre, j'ai écrit plus que d'autres et beaucoup qui ont de l'instruction n'ont jamais écrit quoi que ce soit.

Pourquoi écrit-on, je me pose la question. Quelle idée, pourquoi cette boîte en ferraille pleine de carnets serait devenue mon trésor ? S'il y a un grand feu dans la baraque, ils brûleront comme le reste, car si j'ai le choix d'emmener quelque chose de ma maison en cas d'incendie, c'est ma peau et les autres ! Rien d'autre. Je m'instruis moi-même, j'apprends de moi-même, écrivain c'est pareil : tu écris sans apprendre ou alors tu n'es pas écrivain. Pour te confier vraiment, parfois, ça me prend des jours les phrases à écrire. Parce que j'aime écrire mes pensées, j'ai l'impression que ma vie dure plus longtemps, comme si les mots m'offraient des jours en plus.

Mes carnets en définitive sont précieux juste pour moi. J'ai du plaisir à lire mes mots, le moment relaté revient aussitôt. Tu vois, les choses de ma campagne sont comme des poèmes, les patates ont des noms que j'inscris entre les ondées. Quand il y a des rencontres je marque qui est venu, surtout d'où sont les gens, leur ville ou leur village, et quand il n'y a personne qui m'a rendu visite, je note : « Personne. » Cela devient un événement de ne plus voir personne.

On m'oublie, mais ça, ce n'est pas un événement. Il y a juste un souci c'est que je ne mets pas toujours les bonnes dates sur mes carnets. Il faut comprendre, car parfois j'ai des agendas que je récupère de la même année, je ne jette rien. Mais en fait, ce sont deux années différentes. J'ai par exemple deux agendas de 1976 remplis, l'un correspond à mes pensées de mon année 1976 et l'autre à celles de 1977. Ce qui devient compliqué ? C'est que les agendas partent de plus en plus du mois de septembre, on ne sait plus quoi inventer, on ne nous aura rien épargné, à nous les vieux ! Déjà qu'on a écrabouillé l'heure solaire, maintenant, on va te faire croire que le premier jour d'une année c'est le 1er septembre. Enfin bon. Alors je suis fâché avec les dates. Depuis que je baisse en activité, je ne peux pas me mettre à rien faire, alors j'écris ce rien faire !

Des gens, des habitués, viennent me voir régulièrement, de Belgique, ils prennent le gîte de La Roche pour une semaine. Je ne me souviens pas toujours d'eux d'une année sur l'autre, mais je commence à repérer les fidèles.

Toi, tu as de la chance, je me souviens de toi ! Par contre, comme tu es une habituée, tu ne comptes plus. Je t'ai comptée une fois comme visiteuse, il y a bien longtemps, au premier bouquin, et voilà. Ça te fait rire, tu as bien raison !

Beaucoup d'autres ne comptent plus et pourtant ils comptent quand même. Au mois de juin l'an passé, une trentaine sont venus en une journée. Tout ce que je vois dehors, le passage piéton qui passe là, devant la maison, tu n'as pas idée, tous les gens en randonnée, j'entends des :

– C'est Paul, c'est Paul !

Ceux-là, je ne les compte pas car ils n'entrent pas. L'autre jour, je travaillais dans le jardin, une moto passe, la moto arrête, le conducteur me crie, m'appelle. Une autre moto, plus une autre et encore une autre, et soudain plus de cent vélos me regardent !

Voilà comment on me pêche, d'abord je regarde de l'autre côté des gens qui veulent me parler, je prends les chemins inaccessibles ou presque en voiture, je remonte par l'autre côté par La Roche, par les petits murs, et les gens s'approchent, on me prend en photo secrètement. Avant je n'avais aucune photo de moi, ou rarement. Les gens me prennent avec eux, car ils ont besoin de l'image pour se rendre compte du réel. Je suis différent. Je n'ai pas besoin de voir la photo du sémaphore, je vais le voir.

Aux cyclistes, je leur ai fait mon baratin d'arrivée et de départ, ils étaient contents. Ces gens veulent savoir si je suis vrai dans mon film et dans mes livres.

Ce sont les femmes souvent qui viennent me voir, je ne suis pourtant pas beau garçon. Les femmes me pêchent, je suis comme un homard, je regarde, j'essaye de me débiner, je vise l'autre côté du champ, mais toujours elles me rejoignent. Elles osent plus que leur bonhomme. Il y a beaucoup de photos de moi, les gens se prennent en photo avec moi. Je me pose des questions quand même, de ce qu'ils en foutent de toutes ces photos. Les photos ne sont pas la réalité, ce sont des images.

Mais c'est quand même agréable de faire plaisir et de les laisser me prendre en souvenir.

Je me demande pourquoi mes visiteurs ne me croient pas toujours, ils ont besoin de me vérifier. Je ne sais pas, ce n'est pas des choses importantes que je raconte. Aussi, donc, pourquoi peuvent-ils croire à un moment que ce n'est pas vrai ce dont je témoigne ? Ils pensent parfois que je suis de l'invention, mais c'est tellement simple ce que je raconte, pourquoi je serais de l'invention ? Je n'en verrais pas l'utilité.

Ils vivent peut-être à côté de la vie ? Tous remarquent ma casquette, demandent à voir mon tracteur et bien entendre le bonhomme Paul, comment il marche, lui aussi. Pas besoin de leur dire : ils voient la vérité quand ils me voient.

Je m'aperçois que je suis en dernière phase, je regarde mon horloge plus souvent. Il y a déjà beaucoup de copains partis, je les vois sur le journal, ils ont le droit à quelques lignes dans la nécrologie. Ce sera bientôt mon tour, ça ne fera pas beaucoup de lignes à écrire.

Il n'y a plus personne et le vide me prend, je veux bien tout reprendre, que tout recommence, je ne regrette pas. Je pense que je serais parti plus tôt s'il ne m'était arrivé tout ceci. Que des gens se soient intéressés à ma vie, à la vie d'un pauvre type comme moi à qui Jacques Prévert, qui venait acheter notre beurre en voisin, n'avait pas osé parler. La vie d'un pauvre qui est riche d'une vie qui dure. Je n'ai pas eu à choisir entre la terre et la richesse. D'autres, quand l'usine atomique de la Hague est arrivée avec ses gros salaires, ont fait le choix.

Mes visiteurs m'apprécient car je me pose les mêmes questions qu'eux, je suis leur frère humain qui vit en harmonie avec lui-même et sa terre, qui a vu les gestes des anciens avant d'apprendre à son tour. Ceux qui m'écrivent reviennent souvent sur ce que j'ai confié au film, qui parle de ma dernière année avant ma retraite et de mes bouquins. Chez moi, en moi, ils trouvent une sorte de bibliothèque qui n'est pas remplie de bouquins ! Ça perturbe beaucoup de gens que l'on vienne me voir pour trouver des choses chez moi, que l'on ne trouve d'ordinaire que dans une boutique pleine de livres. Ce n'est pas facile de devenir connu un peu grâce à un reportage ou à des livres où l'on raconte sa vie, choses qui me sont arrivées, ce n'est pas facile non plus d'être paysan actuellement, dans les jours de maintenant. Je plains tous les deux. Le pauvre gars à qui cela est arrivé doit s'expliquer, se justifier.

Ces gens voudraient par exemple avoir vu ce que j'ai vu. Ils viennent me parler cette nuit en 1954 où les choses que l'on ne peut décrire sont venues à ma rencontre. J'ai vu des soucoupes, je n'ai pas honte de le dire encore, le raconter. L'autre jour ça m'est revenu à l'idée avec les drones, que peut-être les gens qui les utilisent veulent imiter un peu les choses dans le ciel que j'ai vues un soir de terreur pour moi. Des choses artificielles, pas naturelles, sont venues à moi et ça m'a questionné sur la présence d'autres genres de vie sur terre. Ce n'était pas des étoiles filantes, ça, je sais les reconnaître.

Les drones, ça fait les malins, à t'espionner vraiment en curieux, ça ne me plaît pas beaucoup. Si j'en vois des qui viennent m'emmerder dans mon jardin, je leur filerai un coup de pelle et hop, au fond d'un trou, je les jetterai.

Des soucoupes je n'en ai plus jamais revu, les avoir vues ça tracasse longuement. Les gens, mes visiteurs, sans se moquer, du moins en apparence, m'interrogent sérieusement là-dessus. J'ai des lettres de gens comme moi, qui ont été malheureux de garder leur secret pour eux, de crainte d'être traités de tout. Des gens seuls en leur campagne qui en ont vu la même année que moi, en 1954, et qui se sont tus pour ne pas qu'on les prenne pour des fous, alors que c'était sérieux : mes vaches pourraient témoigner ! Elles les ont vus ces phénomènes elles aussi, comme moi et ma sœur.

La question des soucoupes volantes revient, fascine, c'est pareil pour mes correspondants que pour moi. Les paysans, qui ont pu observer des phénomènes étranges, me racontent qu'ils ont vu la même couleur dans le ciel et le même faisceau. Si je n'avais pas raconté dans un livre cette mystérieuse rencontre, personne ne m'en parlerait plus. Ce que l'on a écrit a souvent une seconde vie pour longtemps, parfois c'est mieux de se taire et parfois non. Se taire, c'est ce que pensait le père, ainsi les choses sont oubliées. J'ai choisi de raconter.

Le homard de janvier

Bon, depuis cette année, je ne vais plus à la pêche de crainte de me casser la figure, même s'il y a une autre raison que je vais te raconter. Je tiens à mes pattes, mais aussi j'ai eu du chagrin en quelque sorte, car quelqu'un m'a suivi pour me prendre mes trous secrets, là où ça pêche à tous les coups. J'ai mal à un genou et je n'ai pas envie de finir en fauteuil à roues, j'ai bien essayé d'apporter un téléphone mais il n'y a pas de réseau ici, sur mes rochers, ça passe par les Anglais, à cause des îles comme Aurigny. Je n'ai pas envie non plus que la mer me prenne, elle m'a pris un peu dans le bon sens, mais je ne suis plus souple comme avant, ça grippe, je deviens rude comme un rocher.

Bien sûr, si je déboulinais[1], je reviendrais par le courant. Je sais même quel chemin ma dépouille prendrait, où les coups de mer, les vagues donc, me jetteraient en rouleau, en rouleau de varech, comme un sushi du Japon que je vois à la télévision. Je sais très bien qui me boufferait, et sans baguettes, si je tombais dans l'océan ! C'est un avantage d'avoir compris la

1. Je Me cassais la figure dans un trou.

nature, mais là ça ne me servirait pas à grand-chose. Chuter cela peut arriver également dans le jardin, toutefois si je m'étalais dans le jardin sans pouvoir me relever je pourrais appeler. Je resterais peut-être un petit peu longtemps, en espérant qu'il n'y ait pas trop de soleil ce jour-là ou de pluie. Si tu chutes dans un rocher, la marée que tu connais par cœur doit te paraître beaucoup moins sympathique qu'à l'ordinaire. Surtout quand elle commence à ronronner et à te lécher les pieds.

Le jardin a sa petite immensité, qui n'a rien à voir avec les rochers, car eux sont vivants. Ils changent de place, ils sont complices avec l'océan. Si j'avais dû mourir à la marée, emballé dans mon rouleau de varech, j'aurais été un vieux paysan bon à manger pour les poissons, les crabes, les crevettes et surtout les bulots qui aiment bien sucer les yeux et le cerveau des noyés. Il n'y a pas de raison que le bonhomme, s'il tombe à l'eau, ne suive pas la même trajectoire qu'un casier perdu ou un bon bout de bois, ou même une mauvaise planche d'ailleurs. Tout ça flotte pareillement, les vieux os comme les bois de gravage, quand sur la grève l'océan te raboule des objets perdus des bateaux ou, moins drôle, ceux jetés par les pollueurs. Savoir d'où je serais parti et d'où je serais revenu c'est pas rien, ça s'apprend, les courants j'entends se comprennent en une vie. Je ne sais pas nager, aussi le vieux qui a mal à son genou il ne va plus à ses rochers. Il les a laissés comme la première fois qu'il les a découverts, par peur de la chute et parce que quelqu'un m'a blessé en voulant m'espionner, pour les découvrir sans respecter celui qui les avait trouvés avant lui.

J'ai abandonné la mer, mais je la regarde tout le temps,

mais pas avec le même regard, je ne suis plus un pêcheur pour elle, je la regarde entièrement alors qu'avant je pensais avec elle, avec le vent. Il y a eu dans ma vie beaucoup de beaux vents. Je pensais sa marée, humaine parmi les humains. Quand il y a trop de vent, elle monte en fort coefficient, ça oui, elle cogne à la terre, tracasse les hommes à lécher le bord des maisons, mais elle ne descend pas complètement. Si le vent l'accompagne, elle ne dévoile pas ses trésors. Quitter mes rochers, mes trous à homard, ça m'a fait comme pour mes dernières vaches, du chagrin, le même que pour tout ce que l'on abandonne en cours de vie. Pareil pour mes visiteurs : avant j'avais la tête labourée par leurs visites, la tête labourée de fatigue, maintenant il n'y en a presque plus et je me repose. Comment on fait sans visiteurs maintenant ? Bon, il y en a encore un peu quand même, les habitués, toutefois la vieillesse part avec eux, la vie a changé pour moi et redevient la même. Je suis dans mon cycle.

Je m'absente loin du monde à nouveau, comme avant quand personne ou presque ne savait que j'existais. Je n'ai pas la vérité en moi, j'ai été longtemps utile au troupeau de mes bêtes et pas à celui des humains, ça a un peu changé depuis mes témoignages. Je pensais vraiment que l'on n'a pas besoin des paroles des autres pour exister. Parce que j'existais : quelque chose des arbres, des pierres, du vent me parle – tu vas me prendre pour un fou si tu n'aimes pas les fleurs et les pierres, dans le cas contraire tu sais de quoi je parle. Je n'ai jamais été seul en moi-même, j'étais avec tous, même si on me pensait dingo, ce sont ceux qui pensent bien faire en détruisant la terre qui pensent qu'ils ne sont pas seuls. Ils suivent le troupeau, ils ont peur de penser à eux seuls. Je n'ai pas la vérité, mais j'ai et j'ai eu la liberté. Il y en a qui viennent me dire maintenant que j'ai bien fait de penser tout seul, et me disent qu'eux aussi pour protéger la terre ils pensent seuls ! Nous sommes nombreux dans notre solitude de pensée, et ça console.

La mer restera pour moi une question de baromètre, elle est liée à la terre pour le temps, la météo. Mais les homards, c'est fini. Je ramasse toujours des bigorneaux, je suis condamné à eux seuls, puisque sur les rochers il n'y a plus rien d'autre. Autrefois on trouvait sur le petit bord de presque tout, des moussettes[1], des étrilles, des crevettes, des patelles, on dit fllies ici, et du varech. Là même si j'ouvre les yeux, quelque chose a tout nettoyé.

Aussi, je marche au bord du rivage sans m'éloigner en regardant mes pieds, rien à voir avec mes parties de vagabond dans les rochers. J'ai toujours su qu'en vieillissant, je me contenterais de peu. Je m'y suis préparé en observant les vieux avant moi. Je me mets à genoux parce que mon corps crochu ne veut plus plier, ensuite je ramasse encore ce que je peux.

La jeunesse éloignée me taquine.

Les bigorneaux je les compte, un à un, j'ai du temps. Compter m'occupe le cerveau. Pour six jours, j'en prends cent vingt, pas plus, que je glisse dans ma hotte la plus petite, pas besoin de gaspiller. Cent vingt plus douze car les douze autres je les donne au chat Quiqui, une femelle que j'appelle souvent le Chat, qui ressemble aux autres que nous avons toujours eus, grise, la couleur de nos maisons de granit qui

1. Petits crabes qui ressemblent aux araignées de mer.

luttent contre la tempête. Un chat de pierres plus que de gouttière, parce qu'il aime bien rester à la maison, je ne l'ai pas beaucoup vu sur les toits. Il est gâté par nous tous et en particulier par mes deux sœurs avec qui je vis et qui lui en accommodent bien de trop. Pour les homards et les crabes les amis m'en apportent, mais apparaît un mystère dans ma vie : je me demande pourquoi ils n'ont pas le même goût que ceux que je pêchais, qui avaient le goût des graviers et des fonds. Le goût du goût.

Le homard, le roi de la mer, restera le plus beau spécimen animal. Pour ce plaisir, cette pêche solitaire, il ne faut pas rencontrer les copains et leurs pieds à coulisse, les gardes-côtes, à cette condition ils sont encore meilleurs, comme tout ce qui provient de la fraude et laisse la côte aux côtiers. J'ai trois hottes, une petite, une moyenne, une grande, trois pour moi alors que mon père n'en avait qu'une. Je les ai construites de mes mains – tiens, voilà la grande pour le homard –, j'en emmenais qu'une en fonction de la pêche que je prévoyais. Tu ne sais pas quoi mettre dans ta hotte, je pense souvent à ce moment où je l'avais sur le dos.

La hotte, pour résumer, que tu fabriques toi-même, sert à mettre ce que tu ne sais pas, c'est pour cela que j'ai gardé celle du père, elle est sa mémoire et les trois miennes sont alignées à côté des siennes. Elle me raconte ce que je ne sais pas et tout ce qu'il n'y aura plus dedans me raconte aussi !

Je suis un être mystérieux.

Je viens d'abandonner la mer. Autrefois, quand j'ai abandonné mes dernières vaches, longtemps je suis allé voir les bêtes des autres dans les champs pour m'imprégner de leur odeur, mais je ne peux pas aller voir les homards des autres !

En janvier, j'avais rendez-vous avec un homard qui me donnait rendez-vous. J'en ai pris chaque année dans le même trou mais jamais à un autre mois. Dans le courant de l'année j'allais voir, mais il n'a jamais été occupé. Un jour il y avait de l'eau pas mal, il y avait un homard nom de nom, il ressort, je le chasse, le varech bouge au loin, je me précipite pour l'avoir dans le ruet[1]. Impossible, dix minutes plus tard, il a pris le large, je me mets au milieu, et mon gaillard est revenu tranquillement. Je l'ai laissé rentrer, et je l'ai eu tranquillement moi aussi, on se parlait sans se parler.

Mes forces ne m'emmènent plus vers la marée, dans les rochers. Et le gars qui m'a dépassé dans mon coin secret m'a fichu un coup. Je veux les garder en image comme la première fois que je les ai vus, la première fois et toujours. Parce que la première fois et la dernière fois sont identiques dans mon cœur.

Un homard et un chat c'est pareil, l'instinct est là, ils se ressemblent, curieux. Ils se ressemblent car ils ne parlent pas, mais ils savent, pour bouffer. Pour le temps de la soupe, comme le chat, le homard, les dormeurs aussi ils ont l'instinct. Ça ne te parle pas mais ça te parle car tu sens les mêmes choses qu'eux, ça te remue du fond. Le homard je n'y vais plus, mais le jour de Noël mon neveu m'en a offert dans mon assiette par-dessus la tête, vraiment gentil. Il le prend au bateau, il a un goût différent mais ça m'a fait plaisir. Le homard du large n'a pas le même goût que celui que je prends car quand je lui suce les pattes, je pense au trajet qu'il a eu avec moi jusque dans mon assiette.

---

1. Passage entre deux rochers, ici rempli d'eau.

Les hottes de pêche servent à mettre les choses mystérieuses de la vie de pêche, ta vie comme ça à tout pêcher et cultiver c'est une aventure, tu ne sais pas ce que tu mettras et tu sais à la fin ce que tu as mis dedans, c'est curieux. Elles ont tout porté, tout vu, tout entendu, tout senti, elles étaient avec moi dans mes bons moments. Elles resteront sur le mur, accrochées à une pointe, en attendant de savoir quoi mettre dedans à la dernière pêche. Oui, j'évoque mon dernier jour quand je saurai…

Une vie courte n'a jamais le temps. Elle ne m'a jamais paru longue, je n'ai pas eu le temps de penser, à rien. Maintenant je vois la vie passer, si je révisionne ma vie, elle tient dans mon cerveau, c'est peu d'espace. Je marche, je pense à ma vie le temps de faire le tour du champ, je vois tout.

À Noël, là, avec toi, à regarder par la fenêtre, je suis avec toi mais aussi avec les personnes qui passent dans la rue. Ce sont les vieux qui s'amusent, je suis enfant. Des gens traînent un petit char et c'est un enterrement, j'entends encore les sabots des chevaux, les voiles noirs des femmes s'envoler. Par la même fenêtre, nous sommes en 1935, les gens ont disparu et ils sont là, en moi. Oui, ce Noël, tu ne peux pas voir avec moi les images dans mon cerveau de ce premier enterrement que j'ai vu défiler. Pour que tu comprennes le fond de ma pensée, aujourd'hui je pense encore au petit Paul qui se disait : les vieux, bon sang, s'amusent comme pour un carnaval ! S'amusent comme des gosses, avec la mort. Je vois également l'orange : quand venait Noël, j'avais une orange – comprends bien son importance –, maman la posait dans mon sabot dans l'âtre de la cheminée quand nous rentrions de la messe de minuit. Je ne la mangeais pas aussitôt. Quand, je ne me souviens plus, mais je n'attendais pas qu'elle pourrisse. Elle revenait chaque année, je devais me décider à la dévorer, car sinon l'orange devenait une poudre verte.

L'orange de Noël, on peut la voir comme la vie. Le goût inhabituel.

Il y avait aussi un bâton de sucre d'orge, lui durait plus longtemps. Maintenant les gamins te foutraient tout par la figure, ils ne comprendraient pas, si tu leur offrais une orange et un bâton de sucre. Ils ne comprendraient pas l'importance que les choses reviennent, pour quelles raisons elles reviennent.

Le sucre d'orge et l'orange ce n'était pas rien au fond. Ça disait que les choses se renouvellent, nous étions heureux d'avoir cela et de voir notre bonheur dans nos yeux, la joie dans nos yeux c'était leur cadeau aux parents. Nous allions dormir aussitôt après un souper sans petit plus, une soirée toute simple comme d'habitude.

Les parents, eux, n'avaient pas d'orange ni rien, je ne les enviais pas.

Par rapport à leur revenu l'orange devait coûter, quand même, et heureusement je n'ai jamais cru au Père Noël, on ne parlait pas du Père Noël, je ne savais pas qui avait mis l'orange et le sucre d'orge. Je suis content de n'avoir jamais imaginé à ce moment qui mettait ces présents dans nos sabots.

Le mystère de Noël et le mystère de la vie : les parents te donnent et après tu ne sais plus, tu dois comprendre seul.

L'année 2015 a été mauvaise, comment ne pas penser la 2016 en pire… Avec tout ça, avant, Noël, on se demandait quand il arriverait et maintenant on ne se rend pas compte qu'il est passé.

La vie ne prend pas plus de temps à vivre qu'un champ à arpenter. Un champ pas si grand, mais que l'on doit arpenter en plusieurs tours quand même pour bien le connaître. Énormément de questions se posent quand on pense une vie. Je cultive le mienne et je la laisse pour toujours en friche. Le champ de vie demande du soin et de la patience, il te donne à manger et aux autres, tu sèmes et tu ne sais pas ce que tu récoltes. Tu peux faire le bien et le mal. C'est compliqué, car tu ne dois ni empoisonner ton champ véritable ni ta vie. Elle doit se dérouler sans engrais, sans surplus, sans trop de cadeaux, sans excès.

J'ai, je crois, fait le tour de mon champ et le tour de mes rochers. Ceux, en territoire, que l'on m'a alloués pour le temps de ma vie. Souvent je pense à mon homard de janvier, j'espère que sans ma visite dorénavant il prend du bon et du beau temps lui aussi et pour longtemps, un homard peut vivre centenaire et sans montrer de signe de vieillissement.

Entendre le moment des falaises

Quand je dors je ferme mes oreilles, je dors sans rêve, mais pas beaucoup. La nuit par contre dans ma campagne, je n'entends pas de bruit, ce que j'entends fait partie de ma vie. Ce sont des murmures, c'est moins fatigant que le jour, à percevoir. Quand je dors je ferme mes oreilles, c'est mon corps qui entend le Raz Blanchard, mes soucis et mes pensées je les laisse à la porte pour le lendemain au petit jour, s'ils sont toujours là je m'en occupe à mon réveil.

Par contre, parfois, à ne pas dormir la nuit et à te promener en dehors de ton lit, y a des moments où tu veux être parti d'un endroit, tu viens d'y arriver pourtant, tu ne peux pas en partir en courant parce qu'il y a les galets et que la nuit te ralentit, mais aussi parce que quelque chose t'en empêche. Tu mets quelque chose en toi qui t'envahit, comme de la frousse. C'est donc avec toi-même que tu ne t'entends plus. Les bruits que tu n'as jamais entendus te révèlent quelque chose du côté mystérieux de la vie. Aussi, quand ce n'est pas le moment de comprendre et de savoir cet autre côté, c'est lugubre ce que tu pressens. Perdu, désorienté pour la première fois, tu crois connaître où tu vis et toujours on te rappelle que non, ce n'est pas toi qui commandes la nature.

Les gens viennent me parler de ce que je raconte dans mes livres, comme cette fois au pied des falaises où je n'ai pas reconnu mes pas, ils me parlent de moi et ils me confient que ça leur est arrivé à eux également. Ou alors, plutôt que de dire que c'est à eux que c'est arrivé, ils me confient qu'ils connaissent quelqu'un à qui c'est arrivé. Parfois ils y ont cru, c'est selon, mais comme moi, ils se sont crus perdus à cet instant. Quand nous avons de telles conversations, nous sommes semblables.

C'est important la fraternité.

Mon bruit ici, dans ma campagne, je le connais vraiment bien, il rythme la journée, qu'il soit animal ou de la campagne ou même mécanique, la voiture d'untel qui se gare ou qui passe, il change, mais je perçois à peu près. Je sais le reconnaître, ce n'est pas difficile, ici c'est le Raz Blanchard, vaches, cloches, chiens. Quand un bruit nouveau me vient, je m'intéresse, il me raconte quelque chose. Mais il y a des bruits qui ne sont pas au village, qui viennent rôder aux falaises. Tu veux donc t'en échapper, si tu es trop près d'eux, ils viennent t'inquiéter et tu n'as rien demandé. Impossible quand il te tombe dessus de t'en dépatouiller.

Ce genre de bruit m'a pris une fois. Ce que c'est que la peur, je ne sais pas, toujours pas, de ce que j'ai ressenti par contre je m'en souviens. Ce moment au pied des falaises, je n'ai pu ni avancer ni reculer, pris soudain par les histoires d'ici, celles des landes entre le hameau La Roche et le village de Laye. Plusieurs d'entre nous les ont rencontrées, ces dames blanches qui n'ont rien d'humain, j'ai du mal à raconter, et puis un vieux machin comme moi avoir peur, nom de nom ! C'est étrange d'y penser, à l'épouvante. Même si quand ça m'est arrivé j'étais jeune, je courais la nuit.

Plusieurs avaient vu des fantômes blancs au clair de lune des nuées, ça se racontait et je me moquais d'eux. Il faut le voir pour croire et encore, on a du mal à se croire, car cela ne ressemble à rien de ce qu'on peut décrire vraiment. En gros on ne peut pas le raconter, alors on garde cela pour soi.

J'ai vu des ombres venir à moi, sans rien pour les créer, sans rien d'humain, ni de la nature comme des rochers ou du brouillard. Elles venaient donc d'elles-mêmes et leur silence coupait le son des autres bruits. Plus de vent, plus de Raz Blanchard et même plus de battements de cœur. Des nuées venaient me prendre et je les ai traversées, j'ai traversé l'ombre si je puis dire, et alors que j'étais là, je suis parti comme au loin. Elles m'ont éloigné de moi. Le monde et son bruit et mon bruit ne semblaient plus s'entendre à ce moment. Je n'étais soudain ni bienvenu ni compris, on m'a chassé ! On m'a chassé de mon lieu, de ma place. J'ai remonté les falaises vite fait mais en ayant l'impression que l'on me suivait, et longtemps. L'endroit de nuit et l'endroit de jour s'inversaient, n'allaient pas ensemble.

Je venais chercher des planches – c'est interdit, on peut prendre des amendes pour cela : en gros le déchet sur une grève tu peux le ramasser pour le douanier, en le laissant en tas sur la place, mais la loi ne t'autorise pas à l'emporter pour toi. J'avais choisi la nuit pour les remonter. Cette nuit curieuse, la peur m'est tombée dessus, j'ai mis quelque chose à l'intérieur de moi qui ressemble à rien du tout, c'était du sauve-qui-peut, Paul, va-t'en bien vite.

J'ai cru que ces nuées blanches annonçaient la fin pour moi et en vieillissant je repense à cette impression, ce n'est pas par hasard, c'est le même mystère quand tu ne comprends pas ce qui t'arrive.

Ça m'a fait rêver en mal[1] à la place que j'occupe dans la nature, je l'avais troublée et elle me chassait. Elle n'a pas voulu que je l'écoute, mes pas changeaient le tout et n'étaient pas en harmonie avec les falaises. Je ne suis jamais retourné à cet endroit, il n'avait pas voulu de moi et j'ai respecté cela. Tout le long vers Ecalgrain je ne veux plus y aller, il y a eu des histoires là-bas, dans les grottes marines, celle des Trous Roquettes ou celle du Mauvais Argent. J'y sens une présence qui ne veut pas de la mienne. Ce grand matin-là, vois-tu, ça n'avait rien à voir avec le même endroit que le jour. Je me suis trouvé tout seul et pas à ma place, j'avais pourtant l'habitude mais ça commande pas, je ne commande rien. Le jour, le mot seul vaut moins fort que la nuit. Tout le long je ne veux plus y aller, m'y égarer non pas dans la nuit, mais dans un tel moment où je ne savais plus où je me trouvais, où je ne reconnaissais pas l'endroit du jour.

Dans le bruit de la nuit, tu y es noir et blanc, en l'absence supposée de couleurs tu te concentres sur ce que tu entends, quand tu te trouves tout seul, tout seul comprends bien, on entend un vent de présence. Le jour tu es seul mais moins seul, la nuit tu es seul presque unique en face des éléments. La brise légère ne ressemble pas à celle du jour, c'est une voix

1. Cauchemarder.

basse. Bien sûr au départ quand tu es petit, tu penses que la nuit endort le monde, puis tu comprends que la nuit appartient aux bêtes. Tu peux essayer de les reconnaître mais impossible, les bruissements se mélangent et même la terre a un son, surtout avant les tempêtes, elle remue de loin et du fond.

La nuit rien ne dort et tout s'endort, c'est compliqué à raconter, mais j'espère qu'elle ressemble à la mort en quelque sorte. Au pied des falaises j'ai vécu comme quelque chose qui voulait entrer en moi sans que ce soit le moment. Comme si je pouvais passer de l'autre côté dans un endroit connu du reste mais qui ne voulait pas se laisser approcher. Un moment non tranquille, une fausse nuit. Je ne crains pas la mort mais je crains la peur, et cette fois, dans ce silence où je n'entendais que mes pas, je me suis affolé d'une autre présence, mais pas une bonne présence évidemment, et cette présence j'ai eu peur de ne pouvoir lui échapper. Aussi je ne suis jamais retourné ni de jour ni de nuit à cet endroit, à ce moment des falaises, pourtant j'y pêchais bien par là.

Vieillir ça change tout le temps, tous les jours il y a quelque chose qui se passe de nouveau, le jour comme de nuit, et parfois tes pensées sont prises par des nuées, du brouillard, tu vois bien le bout mais sans vraiment le voir complètement.

Cette nuit où j'ai eu peur de moi, le bruit de mes pas résonnait mais je ne les reconnaissais pas, je faisais du bruit mais autour mes oreilles ne reconnaissaient plus les sons normaux. Drôle d'impression que de ne plus se reconnaître.

J'ai très vite reparlé, même si ma frayeur m'avait coupé la chique, parce qu'on disait que quand on croisait une sorte de nuée, ou dame blanche, parfois on pouvait être saisi de ne plus pouvoir parler. Être saisi de folie, c'était arrivé à des hommes et à des femmes pas fous du tout. Des gens normaux avaient été pris comme cela de folie ici chez nous, et ils ne pouvaient pas expliquer ce qu'il leur était arrivé parce qu'ils avaient perdu leur voix. Moi je suis rentré entier de cette expérience.

Je tiens trop à parler, et ça aurait été dommage un Paul qui aurait perdu sa bavette.

De retour dans mon lit, j'ai attendu le son des cloches avec une joie d'enfant. D'ordinaire il vient à moi sans que je le réclame, là il m'a fait comprendre que j'étais revenu dans le monde des humains, ceux qui arpentent les falaises sans crainte.

Barrière

Les cloches parfois te donnent de l'émotion, elles ne sonnent jamais pareillement. Tu peux en cas de besoin les prendre pour toi. Les nôtres, le vent leur chante sur la fonte, forcément, et la pluie s'y colle, et quand elles sont chauffées par le soleil leur tintamarre est tout différent. Il y a des gens qui ne prennent pas garde à tout ça. Les cloches interrompent la journée et en même temps elles marquent le temps qui passe. Elles te permettent de prendre conscience de ce long décrochage qu'est la vie. Un long décrochage qui paraît court au final. Tu décroches, tu dételles – dételer, c'est séparer les chevaux de leurs liens, à la volée par moments, ça part d'un coup ! Tu te détaches d'une vie pour une autre. Une cloche sonne, puis l'autre prend le relais et enfin les deux sont rassemblées.

Je suis sur mon déclin. On a plusieurs vies, donc, c'est vrai, une seule quand on la met bout à bout. Mais là, comme on parle de mourir, on meurt aussi plusieurs fois. Nous avons plusieurs vies mais aussi plusieurs morts. La première fois que je suis mort, c'était en prenant ma retraite et je ne pensais pas que ça m'arriverait encore de mourir peu à peu, j'attendais le grand coup d'un coup. Là, je meurs petit à petit d'avoir moins d'observation dans mes champs, parce que j'y suis moins, et ils m'échappent, alors que c'est moi qui me suis échappé d'eux.

Seulement longtemps je suis resté en moi seul, je ne me connaissais pas bien, d'écrire et témoigner m'a permis de mieux me connaître. Me concernant, longtemps j'ai cru qu'il ne pouvait y avoir que du silence. C'est drôle pour un pauvre type, un paysan, ce qui m'est arrivé, d'être sorti de l'inconnu, et en même temps pour les autres, ce n'est pas grand-chose. Mes visiteurs ont imprimé en moi la conscience d'être parmi tous, d'être humain en plus d'être dans la nature. Leurs visites, pour parler de mon reportage ou de mes livres, me montrent que je suis quelqu'un parmi les autres.

Je ne m'y crois pas ! Oui, en définitive je ne m'y crois pas. Bon, j'aurais eu de l'instruction, tout ça, j'aurais dégueulé sur l'instruction, comme ils font, ceux que l'on écoute. Mais mon instruction, contrairement à eux, ne me vient pas des livres. J'aurais raconté ce qu'on écrit dans les livres et que l'on répète parce qu'on l'a lu. Non, moi, ce sont mes patates qui me racontent des histoires et mes poireaux qui ne lèvent pas. Les livres sont écrits pour que tous pensent pareil. Moi je ne parle pas de ce que j'ai lu ou appris dans les bouquins, mais je parle de ce que m'a appris la nature : c'est-à-dire tout ce qui n'est pas écrit. Les gens en définitive s'intéressent à ma vie simple, tranquille.

Je t'embrouille avec mes histoires ?

Je veux dire que c'est la bêtise en moi, la bêtise que l'on vient chercher en moi, l'imbécile. Parce que si tu ne lis pas, on dit de toi que tu es abruti, c'est mon cas et pourtant… Ceusses qui ont tout lu viennent aussi m'écouter. C'est pour cela que je dis : je ne m'y crois pas ! Ils m'ont cru alors que je pensais être un idiot.

J'aurais eu de l'instruction, mais je ne suis qu'un imbécile. Je pensais que ma vie n'avait servi à rien.

– Une vie est utile !

Voilà ce que ceux qui m'écrivent et ceux qui viennent me voir ou me saluer me prouvent et me disent. Le moindre type t'apporte quelque chose et toi, le plus rien du monde, tu peux apporter quelque chose aux autres. C'est la leçon de ce qui m'est arrivé. Toute ma vie j'ai pensé que les choses immédiatement visibles ou que l'on entend ou sent n'avaient pas d'intérêt, comme la vie d'un vieux bonhomme comme moi, et soudain on me disait et on me dit ou m'écrit encore :

– Paul, t'as bien fait comme tu as fait et ce que tu racontes de ta vie nous intéresse.

Je ne suis pas plus craquous[1] pour cela.

Alors que je n'ai rien fait, personne ne parle jamais de cela à la télévision. De ce qu'un paysan, d'un pays, vit vraiment.

Toute vie est utile et devrait être racontée au moins à la famille. Du plus pauvre des pauvres aux plus instruits, la même valeur. Je ne m'en doutais pas et je me suis découragé, je le pensais mais je ne voyais pas la preuve. Alors je continuais à écrire. J'ai sorti des phrases à des personnes très instruites et j'ai touché ce qu'ils sont. Je ne peux rien dire, mais j'ai vu dans leur regard que dans mes paroles il y avait de la vérité.

1. Prétentieux.

Ce que j'ai appris, non pas dans les bouquins, je l'ai appris en regardant mon père ou mon oncle fabriquer et faire, presque sans un mot. Comment veux-tu qu'un livre t'explique ? Dans une classe d'école, à des dizaines, à rabâcher des mots écrits par aucun de ceux qui les prononcent, comment veux-tu que cela soit possible d'apprendre quelque chose ?

Les gens se sont reconnus en moi comme la nature se reconnaît en nous et nous en elle. Si j'avais eu de l'instruction j'aurais trouvé normal qu'on vienne me voir : c'est dans l'ordre des choses, tu fais valoir tes galons et ça attire le monde. Mais dans mon cas je suis un innocent, un idiot, et les gens sont venus quand même, non pas qu'ils sont idiots comme moi, surtout pas. Seulement ils lisent trop ou regardent trop la télévision, parfois ils ont oublié de marcher dans l'herbe. Ce n'est pas la nature qui les abandonne, c'est impossible, mais eux ont abandonné la nature.

La nature du jour, et la nature la nuit.

Question d'entendre, la nuit je m'y retrouve mieux, je me pense moins de travers. Le Raz Blanchard bourdonne, il m'accompagne. La nuit les bruits sont légers, tu t'entends, tu te sens plus près de tout. On comprend que rien ne dort vraiment, du moins j'imagine, les animaux et les choses sont comme Paul. La nuit aide à voir, tu identifies ce que tu vas retrouver dans le jour, par quelle manière il apparaît, tu es à peu près certain de comment tu peux t'habiller. Quand je travaillais le bois dans mon atelier, le matin vers quatre heures, le silence comme la morte-eau, tout pareil, m'apaisait. L'eau ou l'air est plus léger et en même temps plus lourd au moment de la veille. Tu vois les choses s'éloigner et tu vois plus durant la nuit, tu as l'impression de dominer un peu mais tu ne domines rien du tout. Le Raz Blanchard au loin je l'entends, je ne le vois pas mais il semble plus près de moi que quand on le regarde à la lumière. Il se dévoile plus quand la nuit lui vient. Comme si avec la nuit ce courant puissant tu t'entends mieux avec lui. Bon, je t'avoue, dans la cabane du jardin, le petit coin, je m'y plais et je m'y suis toujours plu. Tu te retiens de rire, je vois bien. Je m'y plais car on y entend les bruits du monde. Tu y es allée dans ton enfance te réfugier toi aussi, tu sais alors ce temps à lire les vieux journaux découpés en carrés de feuilles. Le vide n'existe pas, même dans la cabane du jardin. Voilà ce que je me dis depuis bien des années, c'est pour cela que j'aime particulièrement la nuit, elle est bonne pour moi, j'aime marcher avec et travailler pendant, car vois-tu, je ne crois pas aux ténèbres.

Les Boches avaient instauré pendant la Seconde Guerre mondiale un couvre-feu, ça nous avait éteints complètement, c'était à l'image de la guerre d'être coupé de la moitié de la journée, c'est-à-dire de la nuit, de ne pouvoir aller et venir le soir. Ça rend fou d'être privé de nuit, de la conscience de la nuit j'entends. Donc vieillir, c'est un peu avoir conscience de la nuit qui vient, mais une bonne nuit. Ce qui me prend dans mes pensées chaque jour c'est mon dernier jour. Avant, la joie d'être là, de vivre, me prenait mon temps, maintenant je pense à mon jour très proche où ma marée sera finie et tu diras :

– Merde, un coup de clapot[1] nous l'a enlevé !

Au moment où je sens que je suis vieux c'est une dernière

1. Une vague.

marée, elle s'en va et je ne sais pas où elle va. Et elle ne reviendra pas. Je ne sais pas où va l'eau. Si, à l'infini. Mon dernier jour, à l'infini. L'eau de la marée se mélange avec les éléments et les sensations que tu as d'elle. La marée, celle de l'océan, je sais à telle heure à tel rocher où elle se pose, pour moi par contre je ne connais pas le chemin. La mer bouffe à même la terre, tu n'as pas remarqué ? Elle essaie toujours d'avancer un peu plus vers nous, attirée par nos maisons, nos constructions ou nous à son petit bord.

Quelque chose me bouffe actuellement aussi, la vieillesse. Je savais qu'elle viendrait mais pas quand, là elle est là. La mer essaie de venir nous chercher, quelque chose me bouffe comme pour tous les vieux, la vieillesse c'est la mer pour un homme, ça bouffe pareil. La nature vient en moi entièrement, sa force me donne ma vieillesse, me force à devenir vieux tellement elle est en moi la nature.

La vieillesse, je la comprends comme une nature mystérieuse qui entre en moi, comme la vie vis-à-vis de moi, la vie terrestre. Comme l'eau. Quand tu es jeune tu penses au lendemain, à sa beauté, quand tu es vieux tu ne sais pas penser, pas que tu ne veux plus penser mais tu as un lendemain qui se cachaète[1], pour un avenir meilleur. Celui qui se ferme et l'autre s'ouvre sur une autre partie de ta vie secrète.

Au moment où on sent que l'on devient vieux, je ne sais pas où va l'eau. Je connais bien la marée mais maintenant je pense que je la laisse filer. La mer bouffe à même la terre, elle vient la taquiner en continu, elle cherche à prendre quelque chose d'elle. Un jour elle va m'atteindre. Elle me

1. Verrouille.

trouvera même si je ne vais plus sur ses rochers. C'est comme ça, je l'attends gentiment.

Actuellement en 2016, il y a quelque chose qui me bouffe assurément, c'est pour cela que je parle de marée pour une vie, c'est ma vieillesse. La vieillesse en général, elle vient chercher son lot, à chaque fois que mon genou me lance je l'entends :

– Viens !

J'ai mal un peu et ça passe, je suis coriace comme ma vieille bourrique d'horloge. Actuellement, on me donne à bouffer des clous : j'avais les jambes gonflées, la toubib me donne du fer et depuis tout est revenu à peu près normal. Moi aussi, remarque, je répare : une petite armoire qui avait pourri dans une chambre. Je la répare, comme pour le bonhomme je lui remets du clou !

Je ne sais pas trop ce qu'elle vient chercher cette marée en moi. La vieillesse et la marée ne font qu'un, la nature bouffe l'homme et l'homme la bouffe aussi. La force de la nature bouffe l'homme. La mer bouffe la terre, elle est mystérieuse, c'est cette partie de la mer qui cherche à grignoter ce qui n'est pas couvert par l'eau qui est mystérieuse pour moi encore.

La vie est mystérieuse vis-à-vis de moi.

La vie terrestre est sur les rochers en définitive, tu y comprends beaucoup de choses, je pense aux rochers qui ne se dévoilent qu'aux grandes marées. Quand tu es jeune tu penses à la vie du lendemain, à sa beauté, ce que tu vas pouvoir donner à la terre pour la cultiver, pour t'aider à te régaler, cette satisfaction te tient, te fait tenir à la vie. Quand tu es vieux, tu penses à la vie d'hier.

Je suis vieux, je ne sais plus le présent, ni l'instant, ni le lendemain. Je sais que la vie va se servir sur moi, me bouffer donc, alors qu'avant elle se servait de moi. Tu vois la différence ? Moi pas encore tout à fait et ça ne sera pas marqué dans mes carnets quand je saurai la réponse. Pas parce que je ne veux pas mais parce que où je serai je n'aurais plus mon crayon à mine avec moi.

J'entends moins bien, ça se durcit dans mes oreilles. Je me rends compte que je ne peux plus entendre plusieurs personnes à la fois. À table, il m'arrive un vacarme dans ma tête, je n'ai plus rien d'autre à faire que fermer le bec.

Je comprends moins, la réception n'est plus la même, mes facultés de l'individu baissent. Je veux dire j'entends moins, ce n'est pas douloureux et ça n'empêche pas de réfléchir. Je pense tout le temps, là je te cause tout de suite et en même temps je m'échappe, je suis dehors en train de réparer ma barrière. Je lui remets une ferrure. Dans le temps tout était crochu et la mienne est à l'équerre, les deux gonds sont à chaque bout l'un de l'autre, elle ne ferme plus ou alors il me faut la journée pour la fermer comme pour l'ouvrir. Elle part en morceaux comme le bonhomme. Je dois la rendre croche, j'ai voulu la réparer trop droite. Comme mon chemin tortueux de la vie, les barrières ici n'obéissent à rien, les vieux ne connaissaient pas l'équerre, et ma barrière que j'ai voulu réparer trop belle a au final une sale gueule. Mes ancêtres travaillaient à l'instinct, l'important c'était que ça tienne et ça tenait. Voilà, je te cause et je pense à comment je vais la traficoter pour qu'elle tienne. Je vois, j'entends et je pense tout à la fois à plusieurs choses, ce qui me tracasse c'est que j'ai voulu la crocher belle et je suis obligé de la remettre à la mode des vieux.

Je l'ai retaillée dans du bois de récupération. Son origine ? Ça m'échappe, nom de nom, parce qu'ici il n'y en a pas dans la région, voilà j'ai retrouvé : c'est du bois de sapin, du mauvais bois. Tiens, comme nous parlons de comment on se sent devenir vieux, c'est du bois de cercueil en résumé. Du sapin tout simple qui dure dix ans ou quinze ans, il provient de palettes, et donc du bois pas cher, qui ne m'a rien coûté à part les années où je l'ai stocké car je l'ai depuis une dernière cargaison de charbon d'un voisin, je ne saurais pas même te dire depuis combien d'années. J'y bricole à ma barrière depuis quelque temps, je la décloue tranquillement, le reste des planches me servira pour d'autres bricolages. Pour ma croix au cimetière par exemple.

Ces palettes sont donc arrivées là par déchet et ont maintenant une utilité. Quand j'ai voulu la poser cette barrière toute belle, pensant que j'avais tout bien calculé, j'ai vu que j'avais déconné. Tout seul à mon jardin je râlais :

– Bon sang, les vieux sont toujours là à nous emmerder et même quand ils ne sont plus là !

J'ai dû repenser comme eux, un plaisir parce que ça m'occupe quand c'est compliqué, j'aime bien. Ce qu'ils fabriquaient tenait pour longtemps. La barrière avait plus que mon âge, toute décrépite et dégondée, je l'ai changée parce qu'il n'y avait plus moyen de l'ouvrir ni de la fermer, tellement disloquée qu'elle m'angoissait. Je pouvais l'ouvrir morceau par morceau, comme la vie elle s'en allait, je prenais plus de temps à la défermer bientôt que de bosser dans mon jardin.

J'ai construit trop droit sa ferrure. Je ne peux pas l'ajuster au poteau en granit qui va la soutenir. Un poteau qui a gardé ses attaches d'origine. La ferrure je l'ai mal construite, car trop droite elle ne veut pas se mettre en place. Je l'ai mise et elle m'a tout de suite fait comprendre qu'elle n'était pas contente de mon boulot, elle m'a fait comprendre que je devais comprendre comment les vieux l'avaient pensée, accrochée à son granit et comment la poser au vent. Bien sûr l'ancienne, une fois démontée, je ne l'ai pas jetée. Je l'ai débitée, bien entendu, c'était cuit pour elle, mais je me suis chauffé avec quand même !

La nouvelle tiendra le restant de ma vie, j'espère au moins quinze ans mais ça peut durer seulement deux ans. Pas besoin qu'elle tienne plus qu'une dizaine, les autres qui prendront mon jardin se débrouilleront pour la réparer !

Les vieux savaient travailler à l'instinct, il y a beaucoup de leçons à en tirer, tu réfléchis après eux sur la solidité et la pérennité. Nos ancêtres n'avaient pas besoin d'écrire des carnets, ce sont leurs œuvres dans nos campagnes qui les racontent. En passant devant leurs œuvres, barrières, bateaux, murets, tu vois leur main, leur façon de penser, leur soin, leur mode d'ici. Je pense par exemple que nos murets dataient des millénaires, des tout premiers marins qui ont abordé les côtes. Rien n'avait vraiment bougé et pourtant maintenant on annule leur travail et leur mémoire. La mémoire que nous leur devons d'être là.

Pour résumer, j'entends donc moins et je pense de trop, dans le temps tout était tordu, et la bricole donnait quelque chose de bien, de vrai. Mal rangé, trop aligné, le paysage maintenant me désole car il n'y a plus de surprises dans les choses, ça ne te raconte rien une barrière en aluminium ou une ficelle électrique. Tu ne te demandes plus comment les gens fabriquent ce que tu vois, les gens ne fabriquent plus, ce sont les machines qui s'en occupent. Alors tu n'as plus besoin d'entendre ce que les choses te racontent, elles ne racontent plus rien. Les vieux ont montré à travers eux le vrai travail, ils ne sont plus là et en même temps ils sont là, et moi je les entends encore un tout petit peu. Maintenant les choses ne tiennent plus à rien. C'est vrai, ma nouvelle barrière je la construis avec du mauvais bois de palette, le même que de cercueil de maintenant, pas solide, comme je le deviens, je sais aussi que je vais partir avec elle.

La barrière te protège ton jardin, là où tu aimes jardiner. Le jardin, je le nettoie car il y a trop de saloperies qui poussent dedans. Une barrière sert pour ne pas que les gens viennent se servir dans ton jardin, ça marque ton petit morceau de terre à toi. Aujourd'hui on te pique tout, tout, même la pêche tu ne peux plus la laisser dans une mare cachée sous du varech, floup, on te prend. On te prend tout, sauf la belle vie que tu as.

Les barrières restent barrières. Entre deux il y a des sagouins, des porteurs de rien, et leurs bouts de ficelle. Le temps moderne ne me plaît pas, en allant par le sémaphore c'est dégueulasse, on te met des fils à l'électricité partout. Autant dire de la bêtise humaine, les champs ne sont plus entretenus. Le câblage électrique, c'est pas naturel, les murets et les barrières ça n'embêtait personne, les choses d'énergie ne rentraient pas dans nos petits clos. Tu dépends de ce qui coûte alors qu'avant garder parquées les bêtes ça ne coûtait rien.

Nous on ne démolissait pas, les jeunes – pas tous – démolissent et en plus gueulent tout le temps sur toi, le vieux qui pourtant ne demande rien à personne.

Si mes vieux avaient vu mon petit matériel, mon tracteur d'occasion, moi je me serais fait engueuler, mais là avec les gros monstres ils arrachent les haies, et comme leurs tracteurs sont gros pour passer ils écrasent non seulement les chemins mais en plus ils tassent et étouffent la terre de leurs champs et des champs.

Je ne reconnais pas mon paysage, les trois quarts des champs je les connaissais pourtant par cœur, ils me racontaient une histoire et les barrières aussi te racontaient, à la manière de. Les champs je ne sais plus à qui ils sont, à quelle famille amie, voisine, et mes souvenirs partent avec eux.

Les champs n'ont plus de vie tellement il y a de ronces, les murs dégringolent, sauf quelques-uns. Les ronces poussent partout, c'est un peu comme là avec les attentats, on laisse tout pousser, vraiment tout pousser, et quand tout est détruit on pense mieux agir que nous les vieux, avec nos petits clos, nos petits carrés et nos murs de pierres sèches. Les ruisseaux sont abandonnés, s'il tombait de l'eau comme dans le temps tout serait détruit. On pourrait vouloir réparer mais à quel prix, alors que c'est si simple d'empêcher les destructions.

L'eau tombait bien plus autrefois, il pleut tous les jours aujourd'hui mais il ne pleut rien. Il pleuvait de novembre à décembre, en continu. Il pleuvait vraiment et si ce temps revient, je n'ose imaginer les dégâts de l'eau sur la terre qu'elle prendra d'un coup tellement il n'y aura plus rien comme racines, murets ou fossés pour la retenir.

Les ronces longues signent un hiver rude, l'hiver en 2016 arrivera en mars, tu verras, car l'hiver cette année prend son temps. La vie, l'année, les saisons sont changées, comme dans la chanson. Les barrières nous gardent et nous protègent et il n'y en a plus, notre vie ils la veulent pour eux, et en bouts de ficelle ! Elle part en bouts de ficelle et la leur avec !

C'est de la sécheresse tout ça, du cœur, du misérable oubli des choses essentielles, de l'indifférence aux ancêtres, à qui en oubliant de poursuivre leur travail on oublie de dire merci. Se souvenir d'eux, ce n'est pourtant pas grand-chose, enfin je crois, et nos barrières abandonnées comme plein de vieux dans les maisons de retraite, loin de chez eux, me font réfléchir beaucoup trop à la vie comme elle va venir maintenant. Que font les plus jeunes de leurs journées et de leurs nuits ? Réparer une barrière ça prend rien en temps, une journée contre quinze ans tranquille. Ramasser une pierre tombée d'un muret, jetée à terre par un tracteur trop pressé ça prend quelques secondes.

La vie moderne assombrit l'avenir, c'est certain, jusqu'où, ça j'ai l'impression qu'il n'y a pas de limites. Où est passé le temps, il file trop vite, plus vite qu'avant, pourtant le soleil se lève toujours au même endroit, et la lune pareillement. La mécanique va trop vite et je crois bien qu'elle a trop de pouvoir.

Pour redevenir raisonnable, on pourrait demander aux arbres ce qu'ils pensent de tout cela, on croit que c'est du bois et seulement du bois, pourtant à bien les observer on sait bien tous, nous tous qui vivons sous leurs feuilles, parmi eux, qu'ils ont une certaine forme de vie, qu'ils bruitent pour nous prévenir de quelque chose. Quand l'incendie menace leurs graines se cachent sous la terre pour revenir naturellement, à un moment. Elles s'enfouissent en attendant. Mais nous les hommes n'avons pas beaucoup d'autres choix que de regarder les choses se passer, on en parle, on dénonce et rien ne se passe.

La barrière, les fossés, les murs ça arrête le mal, mais pas le vent !

Le monde en démence

Arthur, un Pony rouge couleur d'origine, mon tracteur acheté d'occasion, boucane, pas comme les monstres de maintenant, mais avec son moteur un peu fragile de la voix mais solide – sa voix je la connais par cœur, comme cela je sais quand il tombe malade. Je le promène de temps en temps, je ne saurai probablement jamais qui du Pony ou moi a le plus de joie. Il s'ennuie, comme moi un peu, nous longeons la route jusqu'au clos aux betteraves cultivées pour les poules et les lapins, qui suivent toujours comme nous l'heure solaire. Les poules et les lapins ne sont pas plus bêtes que les humains, on le sait bien tous, mais certains essaient quand même de les faire coucher à l'heure artificielle.

Les gens de dehors viennent m'entendre leur parler de ma vie mais moi ce que j'aime c'est les entendre parler de la leur. Je me rends compte quand même que j'entends moins. Ce n'est peut-être pas plus mal, au fond, pour tout ce qui est des sons artificiels.

Je ne sais pas comment sera mon lendemain. Un œil se fermera puis l'autre, je vois les choses comme cela. Je ne verrai pas la même chose avec les deux yeux. Quand je n'y verrai plus, et pas de chirurgien pour me retirer le brouillard, il y aura un petit entre-deux, un entre-temps. L'œil qui verra un avenir meilleur pour moi sera fermé, j'y verrai clair avec lui, comprends-moi. Celui qui se fermera en premier sera celui de ma nouvelle vie. L'autre, celui resté ouvert, sera celui de ma vie terrestre. Le mystère est de savoir lequel verra le plus clair, vraiment !

Allez, cache ! Celui qui sera fermé y verra autant que celui qui restera ouvert. Voilà, maintenant tu sais comment je mourrai, comme le chat quand il dort, toujours il veille, il a confiance mais il surveille la vie autour de lui.

J'ai l'impression que c'est proche, parce que je diminue. J'entends moins d'abord et puis je ne suis plus actif avec mon corps et mon cerveau. Pour les deux je m'oblige, je dois les pousser à travailler. Je sens quand même que je ne suis plus comme avant.

Je suis moins actif mais pas inactif, et bientôt je ne bougerai plus, c'est simple. D'ailleurs tu as des gens qui durant leur vie ne bougent pas beaucoup, comme cela quand vient la mort ça leur paraît moins de mourir. Ils ont moins d'activité à renoncer !

Avant ma vie me semblait inépuisable à épuiser, en marchant je sentais les cailloux du chemin sous mes pas, je sentais ma journée par d'où venait le vent, je pouvais prétendre connaître ma pêche au bruit du courant du Raz Blanchard, qui est mon premier battement de bruit dans mon corps du matin. La vie c'est comme un drap immense que l'on déplie, pas besoin d'être tout près d'elle pour l'entendre claquer au vent sur un fil à linge. Elle est là et sèche, au bout d'un moment.

Tant mieux parce que là-dedans, dans mes oreilles, ça craque de plus en plus, les criquets du foyer ne m'agacent plus dans la cheminée, c'est un avantage.

Il y a aussi la question des odeurs, elles ne sont pas partout en même temps, je passais d'une à l'autre sans m'en rendre compte et en même temps je ne pouvais y échapper. Tout sentait bon. Des odeurs il y en avait bien plus dans ma vie avant ma retraite évidemment. Chaque lieu a la sienne et change en fonction du temps, selon les saisons aussi, l'aubépine est partout ici, avec le vent du large, c'est unique tellement ça fleurit tes jours. Tu vas dire que le vieux il grogne beaucoup, mais les odeurs ont changé et changent. Certaines sont les mêmes comme dans l'église, c'est question des vieilles pierres qui les protègent de l'extérieur, les mauvaises odeurs restent à leur place et n'y entrent pas.

Les mauvaises odeurs sont ce que tu sens que l'on met dans les champs actuellement, le lisier. Le lisier, si c'est bien quelque chose que je ne peux pas sentir, c'est bien cela. C'est les déchets et de l'eau de pauvres bêtes qui n'ont pas de paille sous leurs pattes. À qui leurs propriétaires n'offrent pas de litière parce que bien sûr la litière, il faut la transporter jusqu'à elles et la changer. Ça prend plus de temps que de filer un coup de tuyau de temps en temps pour nettoyer l'endroit où on les parque. Tu ne vois pas la différence ? Comment t'expliquer, quand ils vivent sur une épaisse couche de paille régulièrement changée, les déchets des bêtes ça donne du fumier que tu étales avec une fourche et tes muscles sur tes cultures, pour enrichir la terre, pour la fertiliser. L'épandage c'est pas pareil, ça projette le liquide dans un champ et comme les bêtes ne mangent plus de choses naturelles comme de l'herbe tout simplement, mais des boulettes de je ne sais trop quoi, des médicaments, des grains traités, les épandeurs donnent à bouffer à la terre du je ne sais trop quoi qui pourrit tout.

Dans l'élevage moderne, tu entasses des malheureuses bêtes les unes sur les autres avec à leurs pieds du ciment. C'est pour cela que ça sent si mauvais le lisier, c'est naturel en un sens mais ça vient de plein de choses rajoutées qui ne le sont pas. Les bêtes sont traitées, poussées artificiellement. Ça t'arrache le nez quand quelqu'un en a répandu, ce qu'il y a de pénible dans l'odeur c'est que tu ne peux pas t'en échapper, c'est très agressif et pourtant on continue d'en étaler partout, alors que le lisier sent la mort de la terre.

La retraite c'est un peu de l'odeur d'existence qui s'en va avec le boulot disparu, un genre de travail, surtout depuis que les bêtes ne sont plus là. Les étables ne sentent plus, par contre dans mon grenier le filet du père et les miens sentent toujours pratiquement pareil. Chacun a son odeur à soi, mais comme il y a moins de métiers naturels les gens ne sentent plus les bateaux, le flot et les embruns. Autrefois, je sentais bien plus ces gens que ceux qui sentaient comme nous. C'était humain. La vieillesse t'enlève un peu de cela aussi. Quand tu es en activité, tu passes par des lieux qui viennent sur toi, s'imprimer sur toi. Alors quand tu ne vas plus dans ces lieux, ceux de ton activité, ils s'éloignent de toi et toi d'eux, tu ne sens plus ou moins leur odeur. Tout ça c'est pour t'expliquer ce que l'on perd en devenant vieux.

– Je peux reconnaître où tu es allé, disait ma mère en m'embrassant le soir.

Aujourd'hui si elle m'embrassait il y aurait moins à imaginer de par où je suis passé.

D'un lieu à un autre, d'une heure à une autre c'est tout différent les odeurs, je pense que le fait de vivre presque en plein océan en donne bien plus ici qu'ailleurs. Le vent t'en chasse et t'en ramène et celles de la terre se mélangent avec celles de la mer. Ça n'arrête pas, les odeurs, et même, en fonction du jour et de la nuit, le même endroit ne sent pas pareil, sans parler de ce que préparent les sœurs à manger qui embaume la maison.

Je ne sens plus l'odeur de mon boulot, je ne sens plus l'odeur de l'étable, je ne me sens plus. Je sais qu'en vieillissant les odeurs me manquent, ça m'éloigne un peu déjà, de ma vie j'entends. Les odeurs de moi disparaissent et moi je disparais. C'est une vie simple et d'un simple d'esprit que je te raconte pour une dernière fois. Un paysan qui regarde ses patates pousser, qui les compte, les inscrit sur ses carnets, leur donne une petite place, comme à ses poireaux et comme à ses visites reçues. Les gens, les bêtes, les choses ont une petite place dans ma vie et moi j'ai une petite place dans la leur, on se complète. Je me promène dans ma commune et, c'est bien simple, ce n'est pas un livre d'histoire mais un livre quand même, ce que je vois je l'inscris dans ma mémoire : telle barrière je l'ai vue arriver et monter, tel rocher je me souviens du naufrage… Je l'inscris pour l'emporter avec moi, bientôt, où je vais aller, pour en faire je ne sais quoi de cette mémoire.

Je m'apprivoise autrement en vieillissant. Ce n'est pas du renoncement, je m'abandonne et en même temps je réfléchis à ma vie, pour m'entendre encore avec elle, en amitié.

En attendant toutes mes bêtises que je me prévois, je peux encore enquêter sur les choses qui ne se voient pas, en apparence. Parce que l'on ne voit que les choses qui ne se cachent pas. Comme les homards : ils se cachent bien plus que sous un rocher dans l'eau. Avant le homard je voyais beaucoup de choses, je voyais peu à peu et en même temps je voyais tout, disons j'essayais de voir le tout pour l'attraper et le bouffer ensuite. Ici une roche qui a bougé depuis la dernière marée, un peu plus loin une nouvelle mare, la hauteur de l'eau derrière le collier de rochers, la sorte d'algue accrochée. Il y a de l'imagination, de la pensée, de la déduction dans une vie d'un vieux bonhomme comme moi. J'enquêtais pour savoir comment la bestiole allait pouvoir s'échapper ou, si elle n'était pas dans son trou, par quelle entrée elle pouvait y revenir. Les gens pensent que je suis seul dans ma nature, mais non, je suis avec la nature vivante et vivant avec elle.

Ce qui est caché amène à réfléchir autant que ce qui se voit. Donc un œil fermé peut voir !

Avant, quand j'y voyais très bien, je ne me posais pas la question de voir, voir c'était avant tout comprendre. Bien sûr j'avais des limites, mais il me semble que ces limites étaient choisies aussi par ma mémoire, mes souvenirs d'un lieu ou d'une chose. Petit à petit en vieillissant, on voit non pas vraiment moins mais autrement. Même après l'opération de la cataracte, car le corps ne va plus là où les yeux l'amènent. Alors que quand tu es encore jeune, ton corps te permet d'aller jusqu'au bout de tes yeux. C'est ce que je me suis dit quand je me suis enfin rendu compte que je n'y voyais plus, je regardais mes pieds tout le temps, ça aussi ça a rendu mon corps crochu et ça a rendu les choses autour de moi non pas invisibles mais imprécises, dans ce monde en démence.

La vieillesse, voilà, c'est imprécis ! Comme un dernier jour, tu imagines les contours et c'est très probable qu'il te donne des surprises, qu'il ne se passe pas comme tu as imaginé, parce que bien sûr l'idée c'est que tu n'auras pas tout compris… de par le courant qu'elle t'emmène.

Je ne suis pas trop inquiet, vieillir je m'y résigne et j'entends encore un peu. Mon courant du Raz Blanchard devant ma maison, je l'entends mieux que mon propre cœur, tout le temps que je l'entendrai je serai vivant. Mais lui aussi a commencé à me demander plus d'efforts de concentration. C'est pas lui qui déconne mais le vieux qui vit à côté de lui depuis toujours.

Je commence à moins entendre. La vérité, la petite vérité c'est que ce n'est pas grave de ne plus entendre, ce qui est important c'est que je me suis bien entendu avec moi-même.

Et maintenant on vient me dire que peut-être j'ai eu un petit peu raison de ne m'être jamais endetté, de ne m'être jamais mis dans les pattes d'une banque ni d'une laiterie. Je suis resté maître de mon temps, tu vas dire que je radote, il radote le vieux.

Tu veux savoir quel bruit m'ennuie vraiment ? À part celui des gros tracteurs qui tassent la terre avec leurs roues énormes, qui t'embrouillent la nature, pour qui, pour se les payer, plein de gens reçoivent des subventions, alors même qu'ils détruisent les sols, les murets et leurs propriétaires en les emprisonnant de dettes ? Je ne vois pas grand-chose d'autre. Quand je les entends, ça me donne du chagrin. Depuis leur arrivée, vois-tu c'est tout bête, mais le chiendent comme d'autres plantes les plus nourrissantes, pour les humains comme pour les bêtes, ont disparu comme bien d'autres. Ces tracteurs subventionnés vaporisent à l'aveugle des produits d'empoisonneurs. Ceux qui acceptent de les vaporiser reçoivent des subventions pour cela ! Tu paies cher pour mourir, tes impôts payent pour tuer la terre.

Pour zigouiller les abeilles aussi les subventions ont été généreuses. Par leur politique absurde, à se demander si c'est possible que des abrutis décident contre la terre. Le toxique a été déversé dans les campagnes. À la surface les produits rendent malade l'eau que tu bois ensuite, l'eau de ton puits qui autrefois se filtrait tranquillement et qui maintenant s'épuise à rester propre. Les impôts et ce que l'on t'impose d'en faire servent à te tuer. Jeune là maintenant, je passerais tout par-dessus bord, je me révolterais, autrefois toi tout petit tout seul tu te disais que tu n'es rien face à eux, mais là il commence à y avoir beaucoup plus de petits tout seuls, ça pourrait bien donner un plus grand coup de gueule !

Non, à part cette mécanique monstrueuse, je ne vois pas d'autre bruit qui m'ennuie.

Tu penses : Paul, tu as bien dû en recevoir des subventions ? Jamais, j'ai tout fichu au feu, cela dès le remembrement. Un mot qui n'a qu'un sens : il démembre, broie, casse. Ma meilleure secrétaire c'est Mademoiselle Martin, la marque de mon poêle à bois, un Arthur Martin. Quand ça arrivait, les papiers de l'Europe pour faire de toi un esclave à vie, direct je me suis chauffé avec. Sans réfléchir, je voyais bien que quelque chose n'allait pas. Pourquoi parquer les bêtes et leur payer des abris en ciment qui sont affreux dans les champs, alors que les abris avaient été construits pour toujours par nos vieux ? S'endetter – c'est un mot terrible – contre nos haies et nos murets millénaires. Le fric ou les pierres, j'ai choisi. Pourquoi choisir ce qui s'achète et perdre la liberté ? Pourquoi finir complètement au beurre de laiterie, sans goût, fabriqué au lait qui n'est même plus français ?

Donc les tracteurs, les monstres, je ne veux plus les entendre.

Il y a aussi – et c'est presque la même chose au fond, si j'y réfléchis – les arnaques au téléphone, c'est le même combat au fond que les subventions agricoles qui ont abouti au remembrement qui a dépiauté la campagne. La sonnerie de téléphone ça t'abrutit les écoutilles.

À partir de onze heures et demie le matin à l'heure inventée, oui je peux t'en parler de ce boucan pénible, car toi aussi tu en reçois, tu sais combien ça te bouille là-dedans au moment où tu décroches. Ça n'a rien d'humain, ça te fait douter de ce que c'est une vraie voix, c'est de la mécanique contre laquelle tu peux raccrocher et après tu n'y penses plus, tu crois ça mais ça recommence. Les tracteurs, le fric de l'Europe c'est pareil, toujours plus, jamais on n'arrête de faire des bêtises, ça s'additionne. La facture s'allonge.

Un champ c'est pareil, tu vois un jeune agriculteur qui déverse ses produits qui vont le tuer et te tuer, et tu n'y penses plus, ça dure un coup de téléphone et c'est trop tard. Mais ça recommence. L'arnaque recommence. Ça n'en finit jamais de te zigouiller par petites touches mais toujours plus.

Des gens nous appellent pour savoir notre âge, ce qu'il y a de marqué sur nos chéquiers, ils veulent régulariser des situations qui n'existent pas et certaines voix nous menacent aussi. On ne peut que laisser le téléphone sonner ou répondre, on a juste deux choix, quand on est trop près de la sonnerie et qu'elle nous mange les oreilles je décroche.

À ma voisine ils lui ont demandé son chéquier, ils voulaient des renseignements sur son compte, elle a raccroché. Ce monde est curieux. Voler les gens, les petits gens, tuer les gens, les petits gens, leur boulot à eux c'est voler les pauvres.

Une femme un jour m'a appelé :

– Avez-vous soixante ans, monsieur ?

– Non, madame, j'en ai cent cinquante !

Vloum, j'ai raccroché.

Une autre, mais là ce n'était pas une arnaque, même si elle ne s'est pas présentée :

– Bonjour, je veux parler à une des sœurs de Paul.

– Laquelle ?

– N'importe.

– Dites-moi un peu pour que je sache à peu près laquelle vous passer.

– Je veux leur offrir mes sincères condoléances.

– Pourquoi, madame, je ne comprends pas ? Quelqu'un est mort ?

– Passez-moi une des sœurs, Paul leur frère est mort et je veux leur parler !

– Paul est mort, les morts parlent maintenant !

Elle ne me croyait pas, pour elle ce n'était pas possible que je sois vivant, la bonne femme comme je lui collais une blague n'était pas contente du tout, c'était pas la première, j'y pouvais rien si je n'étais pas mort ! Alors je lui ai demandé parce que je voulais savoir des petits détails quand même :

– Comment il est mort Paul et surtout quand, dites-moi ?

Pas de bol elle a raccroché !

Elle a raccroché méchante, ça s'est terminé en queue de poisson ce coup de fil, comme la mort si je puis dire. Je n'ose plus répondre en blaguant, même mourir de nos jours ça devient compliqué. Mais bon, sur ce coup-ci je n'ai arnaqué personne, même si ça risque de m'arriver de décamper.

Tu veux savoir pourquoi je pense que ceux qui ont un gros tracteur et toujours plus gros que celui du voisin ne seront jamais heureux dans leur vie ? Tu veux comprendre pourquoi celui qui a trois cents vaches est tracassé et ne peut pas goûter à la nature ? C'est bien simple : parce que, vois-tu, celui qui a quinze ou trente vaches dort tranquille, il connaît le paisible, celui qui en a des centaines, ses vaches, son tracteur et tout le reste ne sont pas les siens, rien n'est à lui.

Tu as compris ?

Oui, je vois que oui tu as compris parce que tu réfléchis à ce que je viens de te dire.

Vieillir, une histoire de lumière

Je ne sais pas où je vais mourir, j'attends de savoir. Dès maintenant j'y pense, pareil que si j'avais cent ans, je prends la température, je tâtonne. Le sujet m'intéresse légèrement quand même. Si tu lances trop loin le caillou, tu ne peux pas le rattraper. C'est pareil pour la vie. J'essaie de rester le plus possible le moins loin d'elle, pour cela je pense à elle, je la pense. Maintenant, dans la nuit, la lumière m'éblouit, je l'allume peu ou si peu. J'apprécie le clair de lune, avec lui tu sens mieux ta vie, ça t'éblouit mais plus à l'intérieur que dans tes yeux. Depuis que je suis opéré, je suis éclairé très rapidement, trop rapidement par la lumière artificielle et même, c'est embêtant, avec la lumière naturelle d'un soleil méchant et bas. Ma casquette inséparable m'est devenue indispensable. Les lumières brutales commencent pour moi à être insupportables. Il faut trier ce qui nous arrive d'embêtant ou non, avant de partir dans le clos à Jacques, vers le boulevard des Allongés. Il y a des petites habitudes à prendre, quelques inconvénients. Ils s'additionnent entre eux. Quand tu es jeune les événements arrivent et passent. Avec la vieillesse, des empêchements vers ce passage j'en découvre tous les jours de nouveaux, ça crochète. Je peux encore conduire, je ne vais pas jusqu'au cent quarante kilomètres-heure, je vais au bourg de Beaumont à dix kilomètres de route bien droite. Je ne sors plus vraiment loin avec ma Peugeot qui date. Aller plus loin le soir, avec les lumières, les codes et les phares et tout ça, cela ne m'est plus permis.

Vieillir c'est une histoire de lumière !

Chaque jour t'empêche quelque chose dont tu avais l'habitude, tu essaies donc autrement ou tu arrêtes complètement. En définitive tu n'es rien d'autre que de la nature. Elle te commande jusqu'au bout, surtout dans tes lents vieux jours, qui te cherchent des tracas inutiles. Inutile de lui résister puisqu'elle garde des petits secrets pour elle. Son grand secret je l'ai cherché toute ma vie, partout en elle, c'est pour cela que je ne crains pas quand le jour viendra où il faudra que je ferme ma barrière, la barrière. Je la connais cette nature, j'y suis né à la ferme et elle peut encore me surprendre, heureusement. Avec elle j'ai beaucoup réfléchi pour la comprendre. J'espère qu'elle m'a un peu compris en retour, je crois bien parce que j'ai bricolé souvent avec elle et ça a fonctionné, mes bricoles.

Parfois les gens, mes visiteurs, me parlent du vide, du vide de leur vie, de leur retraite. Le vide je n'aime pas ce mot, le vide c'est quand il n'y a plus rien et c'est impossible. Il n'y a pas rien quand on tient la bêche que notre père et nos grands-pères ont tenue avant nous, quand on tient la fourche que notre mère a tenue au moment des foins et que mon père a fabriquée avec un manche, qu'il a façonnée dans du bois qui nous venait des déchets des bateaux ou peut-être des naufrages du temps ancien. Et le vide dans les falaises tu me diras, quand tu regardes, essaie un peu de tomber. Je me suis déjà valdingué dans les sentiers où seul un pas par un pas peut se poser, l'un après l'autre, l'un attend l'autre, à des endroits à vouloir se presser tu peux verser vers non pas le vide mais les boqueteaux d'ajoncs et les rochers. Crois-moi, tu ne croises à cet instant rien que des pierrailles qui t'amochent un peu comme ça vient. Le vide s'il existait, ce serait un peu plus confortable que la chute jusqu'en bas. Moelleux j'entends parce que sinon tes os se brisent, les falaises c'est pas de la rigolade. Durant une vie, si tu peux t'ennuyer, il faudra me raconter, parce que je ne connais pas cette aventure. Il n'y a pas pire tristesse que de rencontrer des gens qui ont exercé un métier sans obtenir de lui un peu de joie. C'est de ce vide-là, je pense, qu'ils me racontent des morceaux. Je n'ai jamais eu le temps de m'ennuyer ! Eux si apparemment.

Alors mourir, si c'est bien de ce mot dont on parle tous les deux, si ce n'est pas du vide pour moi, ce serait plutôt déménager en quelque sorte, en restant au même endroit, en emportant ton petit bataclan. Une continuité : tu quittes une activité pour une autre et comme toujours tu ne sais pas ce que tu vas avoir besoin d'emporter, ni ce que tu dois apporter vraiment, il manquera quelque chose, alors tu n'emportes rien, c'est plus facile, si tu n'as pas trop empilé tu en oublieras moins ! Tu saisis cela au fur et à mesure des années, tu t'adaptes ! Mourir ce sera, pas la peine de te casser la tête pour savoir avant, ça ne se passera pas comme tu as prévu de toute manière ! Comme une marée, tu as posé telle ou telle ligne, avec tels ou tels hameçons, tu sais à peu près ce que tu vas récolter comme poisson, mais parfois il n'y a pas grand-chose. Quelquefois c'est le grand étonnement, tu n'as pas pris la bonne hotte pour tout rapporter sur ton dos tellement tu as pris dans tes filets. Il y a un cycle, des périodes de prospérité.

Au fur et à mesure, il faut admettre qu'on ne peut plus commencer une nouvelle activité. Le jour de mes quatre-vingts ans, en 2010, j'ai regardé mon réveil jusqu'à l'aiguille de minuit au soleil, j'ai été ému. Je te le confie, je ne pensais pas aller jusqu'ici, après le couic du remontoir, je n'en revenais pas quand l'aiguille est passée. Ensuite, j'ai dormi comme une bûche. Le matin, tu es venue avec la radio France Bleu et des cadeaux et un gros gâteau au chocolat. J'ai confié aux gens qui écoutaient en direct l'émission que j'avais bien dormi, mangé mon œuf à la coque avec une asperge en guise de mouillette et bu mon café.

J'étais très inquiet pour ce jour d'anniversaire et cela depuis très longtemps. Pratiquement tout la journée, j'ai balancé quelques paroles d'un côté et de l'autre, pour l'événement. Une journée fatigante que je pensais être le dernier anniversaire de ma vie. Le soir la mairie m'a téléphoné pour que je vienne faire sauter le bouchon avec les adjoints et la secrétaire. Quelle journée !

Satisfait de cette étape, de mes quatre-vingts ans, je me posais déjà la question du pourquoi me laisser cette vie. J'ai pris depuis ce que l'on me donne de rabiot, ça dure depuis six ans cette histoire-là, alors que j'ai failli mourir à quatorze ans d'une jaunisse.

Bien sûr, dépassé les quatre-vingts ans, il y a des déchirures, ceux qui ont appris avec la nature, comme nous tous, continuent à apprendre d'elle, tout différemment bien sûr, plus paisiblement, car ce n'est plus pour le travail. Si tu es moins énergique, ce qui reste à l'identique c'est quand il fait mauvais temps, qu'il y a de la houle, tu respires le vrai air, tu as le vent en toi, tu deviens de l'air, ça rentre dans toi. La houle, la colère des vagues mélangent la nature avec toi. Tu n'es souvent rien d'autre que de la nature et elle te préserve comme tu es vraiment. Je suis, comme un vieux bonhomme, un récipient qui se vide : tu le vides et tu le mets dans un autre. Je procède ainsi dans mes champs par exemple, ma vie se vide pour une autre sorte de travail, celui de devenir vieux. C'est mon nouveau boulot et là encore la nature décide de moi, m'amène où elle veut, je me laisse aller comme toujours par elle, même si je suis en friche.

Mes trous à homard sont vides pour moi et ils ne le sont pas en vérité, je ne vais plus les voir. Ils le sont sans leur habitant par moments, je sais à quoi ils ressemblent, je les entends, je pense à eux tout le temps. Je suis là-bas sans y aller. Je tourne autour du pot, j'en viens à te raconter ce mauvais jour. Un type jeune, un jour bien particulier, est passé devant moi en courant il y a de cela plus d'un an :

– Monsieur, venez m'aider, mon crochet est trop court.

Je n'ai pas d'amis dans les gens qui m'ont suivi des yeux pour voir où j'allais dans mes rochers, eux je veux les oublier, je les ai oubliés. Je n'ai gardé des rochers que mes souvenirs de joies. Ce pêcheur d'occasion saccageait tout ce qu'il pouvait saccager d'énervement dans les mares en passant et que je t'écrase tout avec des bottes. J'ai répondu en bougonnant :

– Je n'ai pas l'habitude de courir devant les autres.

Les gens n'ont qu'à chercher comme moi, je suis un drôle d'engin, non ? Un vieux bonhomme qui réfléchit à la ville.

Elle ne donne pas envie, je n'ai jamais eu envie de leur quartier à eux, de leurs rues en partage, et ces gens à me suivre des yeux, pour savoir où je vais, veulent s'approprier le minime quartier de rocher qui ne m'appartient même pas. Des trous à homard, des vieux, pas ceux de ma famille, y allaient, je n'ai pas couru devant eux, j'étais plus jeune, et quand ils ont arrêté d'y aller je me suis autorisé à y aller, j'ai attendu mon tour, j'ai respecté le cycle.

Va comprendre. Un trou à homard, c'est un territoire sacré.

Les rochers en les soulevant et en les fouillant, on ne doit pas les maltraiter, on remet chaque pierre comme elle est posée, pour protéger l'équilibre naturel qui est créé dessous. Cet homme m'avait pisté plusieurs fois, je l'avais repéré. Je ne me suis pas plus approché de lui. Il n'a pas répondu et était furieux en me traitant de vieux con. J'ai attendu bien sûr. Une fois qu'il a été parti, j'ai soulevé le varech cachant le trou effacé par cette herbe de mer, attrapé le homard, je l'ai regardé, vif. Je sentais sa vie vibrer dans mes mains. C'est très fort un homard, pas de par ses pinces qui sont terrifiantes mais par son corps entier : si l'idée te vient d'y mettre la main quand il se replie sur elle, ta main est broyée par une sorte d'armure. Je savais exactement comment m'en saisir, je le connais trop bien ce trou. C'est un territoire de pêche dont personne ne s'approchait autrefois, je n'ai jamais fait envie à personne. Vis-à-vis des vieux, jamais je n'ai couru avant. Après l'avoir regardé attentivement, ce dernier homard, je l'ai posé dans l'eau. La bestiole a repris sa route et moi la mienne, j'ai dit adieu aux rochers, aux algues, les laminaires rayées comme des chemises qui prennent en elles le fond du fond de l'océan. Un peu triste mais obligé, parce qu'un homme a brisé quelque chose en moi.

Cela a à voir avec le respect, pas celui qu'on me doit mais le respect d'ici, de ce lieu et de tout ce que j'avais vécu et ce que les autres avant moi ont ressenti de fort en venant pêcher là. Aller sur ces rochers a rempli ma mémoire de tellement beaux souvenirs, un seul mauvais ne peut pas tout gâcher. Mais mon intuition me parlait : il allait revenir ce type, nous allions encore nous croiser et non pas nous rencontrer. Cet endroit je crois est sacré et en le laissant ce jour-là je l'ai gardé ainsi dans ma vie et pour toujours. Jamais je n'y suis retourné. Je l'ai avec moi ce beau rocher habité, la nuit et le jour. Long comme un canapé, partout où je vais et partout où j'irai je serai près de lui en pensée.

J'ai laissé mon homard, je me plais à penser à lui. Là aussi on peut penser que j'ai fermé une sorte de barrière, celle de mes rochers. Eux en forment toujours une, pour protéger la côte. Le Raz Blanchard c'est une barrière, un territoire défendu, dangereux, il te prévient des éléments si tu sais l'écouter. Blanc parce qu'il moutonne sous l'action des courants du dessous, en colère il te paraît noir, certains copains marins qui le voient souvent de près évoquent une couleur bleu limpide que l'on ne peut peindre, qui n'existe pas dans les couleurs inventées. La plus belle image de lui c'est au clair de lune avec de la neige, je l'ai vu unique, la plus belle de ma vie, rare de le suivre des yeux en gambadant mon regard jusqu'à lui ainsi. Il y a trois ans, je suis sorti dans la neige pour le voir, je l'entendais ronronner, il avait quelque chose à me raconter. Je me suis avancé jusqu'à la pointe de la presqu'île et je me suis promis que désormais je serais là à tous ces moments. Ceux comme ce jour de neige, sans un bruit, accompagné par le calme et la nature endormie, sauf Paul bien réveillé. Le raz bouillonnait, vivant. Très vivant même, par-dessus tout je n'ai rien aimé plus que ce moment à ce moment. La neige ça te donne de l'amour, de l'amour de toi dans tes yeux et du monde, de l'amour très difficile à atteindre. Vivre, puisque cela t'intéresse que je t'en parle, c'est vivre beaucoup de choses et être encore surpris, jusqu'au dernier moment de où tu places, où tu mets ton regard.

Le Raz Blanchard m'émeut, mais jamais il ne m'a autant ému que ce jour de neige et de lune, vois-tu, ça vaut le coup d'aller au bout de soi.

Devenir vieux en prenant de l'âge

Je deviens vieux en prenant de l'âge. Il y a dix ans je devenais vieux sans en prendre, je blaguais souvent à ce sujet. Je saisis la différence maintenant. Je ne voulais pas avoir été jeune, puis en activité, puis vieux et en retraite. Je mélangeais depuis toujours les trois moments. J'avais dès très petit suivi mes parents dans leurs tâches ordinaires, les mêmes que celles que je reproduis encore. Ma mère d'abord m'avait mis un torchon dans les mains et un tablier pour l'aider à la cuisine, puis elle m'avait appris à traire après m'avoir coupé mes cheveux longs comme ceux des filles. À l'âge où on entre à l'école primaire, le soir, je pouvais m'approcher d'une vache et entendre le lait tomber dans le seau de fer. Tu es vraiment petit sur le côté d'une vache, à ses genoux, quand si je peux dire tu sors des jupes de ta mère, à mon rythme d'enfant. Puis mon père avait bien voulu m'emmener aux champs, mais aussi mon oncle, et je suis devenu moi dans mon boulot. Le même moi, comme maintenant : je n'ai pas changé, je me transporte. J'étais ni tôt ni tard, maintenant le temps est en retard ou prend de l'avance, les saisons comme les hommes. Parce que nous n'avons plus la patience de la nature. Nous ne lui collons plus assez fort à son rythme. Tant que je suis vivant je me concentre à ma vie avec ce que je peux encore effectuer pour elle et avec elle et non contre elle.

Tu me demandes s'il y a des âges à la vie. Nous voilà bien !

Tu vois le phare de Goury mais aussi celui d'Aurigny ou de Guernesey, les petits coups d'éclairs qu'ils t'envoient, mais aussi les éclairs de l'orage, c'est bien. Je prends l'exemple des phares pour te dire que la vie passe comme leurs éclairs, vraiment je le ressens ainsi. La vie à l'âge de chacun est un éclair brillant évidemment ! La vie c'est un passage très court comme un éclair, je peux essayer de la retenir sur mes cahiers, un éclair c'est court, quand on est jeune on ne se figure pas ce court, on gaspille trop. J'ai mes torts, je suis pire que les autres, je me suis abandonné, j'ai gaspillé moi aussi. Dans la vie tu dois être là, comme l'éclair, un instant, c'est un partage, une lumière naturelle, surtout.

J'ai, je pense, parfois été un peu une lumière pour les autres sans le vouloir. Un éclair passe, ma vie, la vôtre. Beaucoup sont plus importants que moi, moi j'ai une vie modeste, je ne suis pas remarquable, je ne suis pas de la haute ! Les gens qui font le bien, ceux-là me plaisent, les gens remarquables souvent anonymes, des médecins, des gens dans les associations. En gros pour être remarquable il ne faut pas se faire remarquer à mes yeux. Par contre je me demande souvent pourquoi j'ai été semé, je me pose la question, pour un but ou que je sois un modèle pour les autres ?

Je sais que je vieillis car je ralentis, l'éclair devient moins intense dans mes aventures en journée et même la nuit. Je prends mon temps, je crois que je marche encore et pourtant je n'avance pas, vers les caches, c'est-à-dire nos sentiers de terre, à remonter par La Valette, dans ma tête j'avance aussi vite, pourtant mes pas sont plus lents. Je suis la même personne mais mon corps ne suit plus. Si je compare avec le temps d'autrefois ça me paraît plus loin où je vais, c'est un peu ridicule ce que je te raconte là parce que la distance n'a pas changé, je dois consommer de plus petits pas. Vieillir c'est mettre moitié plus de temps que quand tu es jeune, tu ne paniques pas, tu acceptes, c'est toi. Je me reconnais, c'est mon rythme de vieux. Oui, tu acceptes chaque jour un peu plus que tes forces t'échappent. En remontant de La Valette par ici, combien de fois je suis remonté avec ma grand-mère et son panier de fllies, je me disais : bon sang de bon sang les vieux n'avancent pas, quand elle arrivera ses fllies ne seront plus bonnes à manger. Elle n'en finissait pas d'avancer. Un jour elle m'annonce avec un joli sourire soulagé :

– Maintenant quand je vois les cheminées, là-bas, je sais que je suis remontée.

Après une bonne marche, je vois les cheminées, les mêmes évidemment, je sais que je suis remonté et le trajet de mes pas m'a paru long.

Heureusement que le chemin me connaît !

Je suis remonté, je visionne la même chose qu'elle, j'entends sa voix, j'ai le même rythme, je me retrouve dans la vie des vieux que j'ai connus quand j'étais jeune et là je me dis que je suis cuit. À ce moment elle avait soixante-quinze ans, elle est allée jusqu'à ses quatre-vingts ans à la pêche à pied. C'est curieux comment tu te retrouves en travaillant comme les vieux, avec les mêmes gestes et les mêmes habitudes et le corps qui freine. En travaillant, car si tu restes chez toi, tu ne vois ni la vie ni la vieillesse te tomber dessus.

La grand-mère n'en finissait pas d'avancer. Elle était pourtant contente d'arriver, pareillement j'attends de voir les cheminées et je suis soulagé quand je les vois, parce que je suis remonté, pas arrivé non, mais à ce moment le chemin cesse de grimper et les pas sur le plat, mes pas sont plus simples à mettre bout à bout. Mais il y a une différence entre moi et elle : je n'ai personne derrière moi quand je marche et je n'ai personne devant moi pour m'encourager ou pour me porter mon fourbi. C'est le lot des gens qui n'ont pas de descendance et nous sommes si nombreux à la terre à ne pas en avoir.

À quatre-vingt-six ans, à mon âge donc, tu n'avances plus, tu crois que tu vas faire je ne sais pas quoi et tu en fais la moitié moins. Alors si tu vas quelque part avec un plus jeune que toi, tu ne veux pas trop montrer cette diminution peu à peu, tu demandes aux gens de ne pas t'attendre, ce qui permet à tes pas de prendre leur temps. Idem à table : pour manger, les dents te manquent, alors tu mâches comme tu peux mais tu ne veux surtout pas qu'on t'attende pour les plats. Tu ne veux pas voir dans leurs yeux que tu n'avances plus pareil, tu ne veux pas déranger. Mais aussi parce que tu penses qu'ils ont les mêmes pensées que toi autrefois pour la grand-mère. Tu te moquais gentiment parce que tu n'étais pas passé par là, par ce sentiment que ton corps n'obéit plus pareil à ta pensée. Ma grand-mère n'en terminait pas de traîner, c'est court une vie mais ça n'en finit pas de finir d'avancer. Pauvre grand-mère, c'est curieux quand on vient à y réfléchir. Plus tard quand toi aussi tu marcheras doucement tu penseras à moi, je te verrai peut-être, remarque ! On fera la course, tu veux ?

La mémé s'appelait Aimable Poutas, mariée au grand-père Bedel, une petite femme comme moi, douce, tu pouvais lui faire subir toutes les misères, elle acceptait tout. Elle tricotait, tout bien, elle comptait ses points et son tricot avançait. Un jour je me suis moqué d'elle :

– Tu y vois bien, tu es certaine ?

Elle a souri en me répondant que oui.

Ses verres de lunettes se promenaient dans la maison ! Elle avait perdu ses yeux.

Elle n'a pas eu la chance d'être opérée, elle n'a pas vu les gens changer. J'espère qu'un jour ceux qui n'y voient pas grand-chose y verront quand même un petit peu. Ils se privent de tellement de détente pour l'esprit, parce que les détails de ce que tu rencontres te permettent souvent d'oublier tes grandes préoccupations durant le temps de l'observation.

Ce mois-ci, j'ai prévu de te raconter ma trouvaille : j'ai ramassé des pièces de X temps, des vieilles pièces. Tu rigoles mais c'est vrai, je te les montre : tiens, regarde, cinq pièces de Napoléon, des trucs comme ça. De Napoléon III empereur mais pas en or, pas besoin de venir me les chiper, remarque je peux me tromper parce que de l'or en pièces je n'en ai jamais vu. Je vais les nettoyer, après on verra bien, elles ont pris un sacré coup d'usure et Napoléon n'en parlons pas, lui aussi a pris un coup de vieux dans son miroir, comme le Paul. Quand je vais lui avoir bien brossé la figure, je suis certain qu'il va avoir du mal à se reconnaître. Dans le champ où j'ai trouvé ces pièces, le mien, j'ai pensé avec émotion que les anciens avant moi ont travaillé cette terre, ils y ont laissé des traces du passé et d'être passés par ici. Si j'en trouve d'autres, je vais me dire qu'un petit malin a caché son magot et qu'avec les remous du sous-sol il ne l'a pas retrouvé de son vivant. On n'imagine pas combien sous nos pieds le sol vivant bouge sans cesse. Pour qu'un trésor ne change pas de place, il y a intérêt à solidement l'amarrer avant de l'enfouir, sinon c'est chez le voisin qu'il partira voyager et ça peut être embêtant pour le récupérer ! Cacher un magot dans un sac et l'enterrer, ce n'est pas suffisant, la terre, le sous-sol déplace, tire, secoue n'importe quel objet qui y est enterré. Elle est si vive, on ne s'en rend compte parfois qu'en perdant ses sous enterrés sans précaution ! On peut imaginer bien des tracas pour celui qui les a perdus, moins pour celui qui les retrouve. Je me remémore ma vie, tout le temps, on n'a pas tous ces souvenirs, plus jeune. Je suis bien plus riche en vieil homme dans mon cerveau, il y a tellement de pensées. Je suis un vieux dingue à penser tout le temps à croire que je m'en rajoute, qu'il n'y en a pas assez encore. Je suis resté tout seul, je ne me suis pas marié, je n'ai pas de descendance, si j'avais eu une femme comme tout le monde ma vie n'aurait pas été connue comme maintenant très certainement.

Un gars qui m'a connu dans les années soixante m'a appelé après avoir lu mes histoires dans mes livres où je raconte un petit peu ma vie :

– Je t'ai reconnu avec tes livres et je suis tombé sur le chapitre où tu racontes la traversée de la Manche, à vingt kilomètres-heure maximum, avec ton tracteur Pony rouge. Tu penses si j'étais content, c'est moi qui te l'ai vendu, il y a cinquante ans, à Saint-Lô ! À l'époque où les tracteurs se réparaient facilement, où il n'y avait pas encore la technologie qui leur avait mangé de complications les entrailles.

Jamais je n'aurais eu de nouvelles de lui, ça donne du lien d'écrire sa vie et d'être lu. Malheureusement cet homme ne peut se déplacer pour me rendre la visite, il est trop mal en point. On se trouverait bien changés en plus ! Par contre il reconnaîtrait Pony, que j'appelle Arthur, puisqu'il a sa couleur rouge d'origine, même si ses pneus sont de récupération de ma vieille bagnole, que je n'avais pas voulu fiche à la casse et dont les pièces me servent encore depuis des dizaines et des dizaines d'années. Nos vieux tracteurs actuellement sont très recherchés par quelques collectionneurs qui les amènent se promener non pas dans les champs mais à la plage. Leur légèreté leur permet de rouler partout, ils sont maniables, ils servent aux loisirs, pour promener des remorques de bateaux, pour la vitesse sur l'eau ou des scooters. Nos tracteurs comme Arthur le Pony ne cultivent plus la terre mais baladent des engins à boucan. Un plaisir quand même d'en revoir sur les routes pour une seconde vie.

La souplesse du cerveau

J'y vois trop clair sur ma vie aujourd'hui, actuellement je suis dans mes souvenirs de vingt ans, je passe en revue mon journal de pensées de la guerre de 14, rédigé d'après mes réflexions sur cet abattoir de vie humaine que l'on appelle la Grande Guerre ! Imagine un peu, la Grande Guerre, tu vois ce que les historiens et les journalistes peuvent écrire quand même, ce qu'ils nous mettent dans la tête.

J'ai relu le passage quand ma tante s'inquiétait de savoir où était décédé son frère tant aimé, dont on n'a presque rien retrouvé puisqu'il a disparu. Elle pensait qu'il était enterré à côté de la ville d'Aix-Noulette, la caserne où je suis allé au service militaire. Elle voulait que je cherche des renseignements. Elle espérait que j'aille retrouver sa tombe, ma tante aurait voulu que je retrouve mon oncle, son endroit de douleur à elle et à lui, enquêter sur ce qu'était devenue sa dépouille. Elle ne se rendait pas compte que je ne pouvais pas chercher quand je suis allé là-bas, parce qu'à l'époque je ne savais pas où chercher. Les archives ne s'ouvraient pas en consultation et encore moins pour un type comme moi. Il était né à La Roche, le petit hameau où l'écrivain Didier

Decoin habite quand il a besoin de respirer et regarder la mer, dans une maison très petite, avec vue sur le Raz Blanchard d'où il peut admirer bien à l'abri quand même la furie de l'océan.

Constant Anquetil, le 1er août 1895, avait vu le jour en plein été. Pas de rabiot pour lui. Cette naissance on lui avait reprise avant ses vingt ans, le 25 mai 1915. Vingt ans : des années intéressantes pour un jeune, tu ne sais pas encore ce que tu vas devenir mais tu crois beaucoup en ce qui s'annonce à l'horizon, tu as de la vie et du temps devant toi. Mon oncle est mort à l'ennemi à Angres, pas loin d'où j'étais à la caserne, la tante avait raison. Tu as retrouvé sa trace sur le site Mémoire des hommes. Pour ce lieu de décès, Angres, nous n'avions pas su. Il a été officiellement reconnu mort le 20 novembre 1920, à ce que je lis sur le papier que tu as imprimé. Ma tante avait abandonné tout espoir de le revoir vivant, car un ami de son régiment avait retrouvé son corps, dans une tranchée, trois mois après sa mort, et pris son livret militaire et l'avait envoyé à la mairie de notre commune à Auderville. Quelqu'un de ma famille l'avait récupéré, troué de deux balles. Je n'étais pas né bien sûr, mais on m'avait raconté que ces balles avaient mis du vrai dans ce qui s'était passé là-bas. Tu m'as appris qu'ils ont mal écrit son prénom sur le registre en écrivant Contant au lieu de Constant sur le fichier des disparus. Contant, comme content, ça ne sonne pas avec la peine qu'il a eue en mourant sans connaître le reste de ce qui lui était promis. Toi avec Internet ça t'a pris une heure de me le retrouver, moins s'ils avaient correctement reporté son état civil. À travers la demande de la tante, ça nous aura pris une vie pour connaître ce lieu de Angres et sa date réelle de décès. Si j'additionne le temps de recherche de ma famille et le mien, tu vois un peu l'échelle ! Peut-être que si je n'avais pas tenu un journal, tout ceci je n'en aurais pas reparlé.

Il y a des barrières qui se ferment avant même d'avoir été ouvertes, on oublie pour moins réfléchir, mais est-ce que ça s'oublie vraiment le chagrin ? En toi tu peux souffrir de ce qui est arrivé. On dit faire son deuil, voyons ! Le chagrin moins malheureux ce n'est pas quelque chose qui se fabrique, ni avec les pieds, ni avec les mains, ni le corps et encore moins avec une machine. Si, peut-être à coups de médicaments pour un temps, mais là ce n'est plus pareil, ça te flingue le ciboulot. Les gens de ma génération, nous aimons bien parler des morts, on les met en photo sur notre cheminée, ils nous entendent raconter ce qu'ils ont été. En employant le mot mort sans crainte, on ne dit pas qu'untel ou unetelle est partie, il ou elle nous a quittés, mourir n'a rien à voir avec une petite promenade de santé ou un claquement de porte, comme un choix. En mourant, nos gens savent qu'ils restent un peu en nous dans notre vie, dans mes livres je parle de mon grand-père qui chassait les Boches à coups de ragot[1] dans sa petite cour, car ils l'avaient mis dans une étable et ils occupaient sa maison. Pas un petit ragot, un bois épais et lourd avec des cicatrices d'épines, et ce grand-père dans ma mémoire c'est cet homme qui ne s'en laisse pas raconter, qui dans sa misère a gardé sa dignité d'homme libre.

Mourir vois-tu, ce n'est rien, mais vivre conformément à ce qui est bon pour toi, c'est bien autre chose. Moi ça a été

1. Branche solide servant de canne.

mon combat naturel de mon existence, pour ne pas finir tout à fait au beurre de laiterie. Finir avec dans mon estomac des produits industriels, ce serait ma pire mort ! Mourir à côté ce n'est que du pas grand-chose.

On veut mettre tout le monde au pas de la mauvaise bouffe. On construit des usines alimentaires, mais on y produit des aliments traficotés qui amènent la faim partout, dans tous les pays. L'Europe, je l'avais prédit, a réintroduit les farines de poisson pour la nourriture des vaches malgré les promesses. La terre est empoisonnée, comment ne pas l'être à notre tour ?

Alors en racontant mes mémoires, par les lettres que j'ai reçues et les visites, je sais maintenant que j'ai des enfants, beaucoup plus que prévu et pas exprès, mais je les ai un peu choisis quand même ! Des filles aussi, ne crois pas, les filles sont sensibles à la nature et peuvent, par rapport à autrefois, bien plus facilement s'installer dans une exploitation. Ces jeunes ont décidé de cultiver à la manière à Paul et déjà depuis dix ans que mes aventures ont commencé, je sais que ceux qui ont choisi l'agriculture sans poison s'en sortent mieux, vendent mieux et font vivre leur ferme avec un peu de bénéfice pour élever leur famille. Ce n'est pas mon seul témoignage qui a contribué à leur réussite, mais un peu quand même, comment expliquer, ça a été un déclencheur, un petit coup de pouce à leur décision. Pourquoi ? Mais parce que je suis sincère, quand j'écris ou que je raconte que j'ai été heureux dans ma vie, je le suis encore, la joie... La joie de toutes choses autour de moi, vivantes et non vivantes, visibles, mais aussi les invisibles, toutes aussi intéressantes à ressentir que les autres.

Je suis chiffonné dans mes pensées. Je suis usé de voir combien notre métier de paysan disparaît, il y a des agriculteurs mais les hommes et les femmes de pays disparaissent. L'usure c'est une sorte de découragement, pourtant des mille et des cent personnes sont venues me dire qu'eux aussi, jeunes comme plus âgés, sont usés de travailler la terre sous la pression de l'Europe et des politiques. Bon sang, nous ne sommes pourtant pas des tchus gelés[1], des geigneux[2]. C'est juste que là, le remembrement, je le ficherais par-dessus bord.

Je me croyais malheureux à débagouler seul, à cultiver ma terre à cailloux, et voilà que ceux qui ne font pas de bruit viennent me parler de leurs inquiétudes. Et c'était moi l'un des plus heureux de tous. Seuls ceux qui ont choisi de s'installer au naturel sur leur terre commencent un peu à être heureux et sentent moins la pression sur eux. Jusqu'à quand ? Je ne vais pas aller du contraire[3]. On leur a déjà inventé un label bio, comme biologique, alors que depuis toujours, vraiment, toujours l'agriculture l'avait été et l'était. On a mis du chimique dans la terre, on voit que la route prise est mauvaise, mais on continue ! Je lis parfois des articles sur des types qui donnent des prénoms à leurs vaches comme quelque chose d'incroyable, de remarquable, elles en ont toujours eu des prénoms et même des petits noms suivant leurs caractères.

Que se passe-t-il ? On parle de protection de l'environnement, mais qu'avons-nous fabriqué durant toujours dans nos

1. Petites natures.
2. Des gens qui se plaignent.
3. Contredire.

campagnes en entretenant nos haies et nos fossés et en refusant d'y déverser du poison d'engrais ? Ils inventent des mots pour des choses qui existent depuis des millénaires et pour légitimer leurs mots ils nous détruisent avant de remettre au goût du jour notre bon sens, en se l'appropriant n'importe comment. Ils ne savent donc pas que nos vaches produisaient du lait en ne mangeant que de l'herbe et parfois des panais et des feuilles de betterave ? Tout aliment compatible avec leurs estomacs ? Aux vaches comme à nos chevaux on leur a toujours parlé, sinon comment nous serions-nous compris ?

Parce que, vois-tu, le chiffon dans le cerveau c'est quand on se rend compte que les gens sont malheureux en travaillant, dans tous les domaines, malheureux, tu te rends compte ? Ça veut dire malheureux tout le temps et moi j'ai été heureux et je le suis encore, ça n'a pas de prix, et ces gens achètent tout parce qu'ils pensent que ce qui ne s'achète pas n'a pas de valeur. Bon sang de bon sang, va cueillir une pomme et mange-la au pied de l'arbre.

On leur dit que le travail ce n'est pas le bonheur. Ce n'est pas vrai, je ne crois pas, mais il faut un travail qui fasse réfléchir, construire, fabriquer et voir pousser, c'est-à-dire avoir un vrai métier, pas un travail. Paysan c'est un métier, pas du travail, mais ce n'est pas pour le fric que je l'ai choisi mais pour la liberté. Tu en as qui gagnent vraiment dans ce travail, ce sont des agriculteurs et ils ne sont pas heureux. Tout plein se suicident, la corde de foin sur une poutre et les pieds sur le seau à lait, dans leur étable, près des bêtes le plus souvent. On leur retire tout ce qu'on leur a donné : les politiques, les subventions ou les contrôles sanitaires et je ne sais plus quoi, si, tiens, les banques, ils te mentent, te font croire à la richesse et te reprennent d'une manière ou d'une autre. Je n'ai pas mis notre lait à la laiterie, je n'ai pas acheté de machine à traire, c'est moi le machin à traire, je n'ai pas acheté d'engrais – sauf une année pour un champ et j'ai été bien puni –, je n'ai jamais emballé mon foin dans une bâche en plastique qui coûte cher et pollue, les greniers sont là pour les abriter. Je n'ai pas mieux exercé mon métier que d'autres, mais je suis resté fidèle au pays et aux anciens et j'ai ramassé les pierres des murs.

Beaucoup se moquent encore, pourtant on le sait bien, les gens ne veulent plus manger des engrais et des pesticides. Ils veulent revoir les papillons et les fleurs sauvages qui avaient disparu des champs et des fossés à cause du Roundup. C'est quand même plus facile d'en asperger partout plutôt que de prendre la faucille et le bâton, pour le même résultat pourtant.

Ça me tarabuste cette non-joie au travail, parce que je suis un humain vois-tu, me dire que les petits gars et les petites femmes n'éprouvent que du malheur en travaillant et sont à bout, je suis triste de cela. Alors forcément quand les écoles d'agriculture viennent me visiter et que je vois les yeux des gamins s'agrandir devant mon petit tracteur, cela me rend vraiment content. Je leur dis – mais en silence – que le petit matériel suffit, on peut le réparer soi-même complètement, il est acheté et il ne coûte plus rien, mais avec je n'ai pas eu de grands pulvérisateurs, ni de citernes à lisier à traîner. Eux, s'ils choisissent des cultures avec engrais et pesticides, ils devront s'équiper de monstres qui calculent pour eux, qui bientôt rouleront seuls et ils ne contrôleront plus grand-chose dans leurs champs. Ce n'est pas pour m'avantager que je te raconte ça, je ne dis pas faites comme j'ai fait, je t'explique juste comme j'ai fait, à même ma terre. Celle qu'on m'a prêtée pour le temps de ma vie.

Tu vois par exemple, dans un champ qui a été foulé trop épais, parce qu'un tracteur y est passé avec ses roues en tonnes et l'a tassé, quand il pleut les racines ne tiennent pas, elles glissent à la moindre rigole, la terre n'absorbe plus l'eau de pluie et c'est la catastrophe ! Les plants partent avec l'eau. Avec l'eau part la récolte et avec la récolte, malgré des subventions, part le moral de celui qui espérait en tirer quelque chose. Ce n'est pas du chiffonnage dans le cerveau qui se produit pour eux, c'est bien plus grave et triste.

Je suis chiffonné, contrarié si tu préfères, tout comme les vieux me voyaient mal quand j'ai acheté mon petit matériel pour dans mes champs – petit vraiment, je n'en ai jamais acheté d'autre. Ils prenaient l'air chiffonné eux aussi. Je parle de mon Pony d'occasion qui m'a économisé de la peine à la mort du père quand je suis resté à la ferme alors même qu'il y avait ma mère, un petit frère de treize ans et les deux sœurs, je n'étais pas seul. Elles étaient là, les femmes bossent dur, mais il y avait un homme de moins pour porter les lourdes charges, mais les femmes portent comme nous les hommes bien sûr. On vient souvent me parler de l'avenir des paysans mais l'avenir, ce grand horizon invisible, a toujours été devant moi depuis le départ, je n'ai pas cherché à l'agrandir.

La dépendance des agriculteurs aux banques, à l'Europe, pose un gros souci. Ils achètent de plus en plus d'engrais, ils ne peuvent plus s'arrêter. Le varech, qui veut dire épave de tempête car les algues sont arrachées par elle des rochers, le fumier c'est pourtant gratuit et naturel comme engrais.

Quand ça ne va plus, on reproche aux agriculteurs de trop polluer la planète, c'est eux qui trinquent alors que les lois absurdes de l'Europe les subventionnent pour qu'ils achètent du poison pour le sol. On leur commande :

– Polluez, engraissez les usines de chimie, il en restera bien quelque chose.

Et ils polluent, tuent la terre et maintenant on leur dit :

– Pollueurs !

C'est vrai en plus, mais ils ne savent plus comment ne plus polluer et on continue de leur donner des primes pour leurs achats qui tuent la terre ! Ainsi les gouvernements continueront de leur dire :

– Pollueurs !

L'Europe est un cancer, voilà. Sans prendre la responsabilité de ce crime. Les paysans ne vont bientôt plus exister, je parle de ceux qui sont les gardiens du paysage. Pourquoi ? Parce que certains ont cédé au remembrement, certains ont cru à une certaine agriculture. Cette agriculture sert l'industrie et personne n'est heureux sauf les entreprises chimiques et de transformation des matières premières. On voit bien les suicides dans les campagnes, c'est toujours à cause des emprunts, du fric ou alors des papiers des contrôles.

Une vache à l'air libre qui mange de l'herbe à son rythme, de l'herbe sans drogue, n'attrape rien en maladie. Une vache enfermée depuis son premier jour dans une stabulation avec des centaines d'autres c'est bien autre chose. D'autant qu'elle est obligée de manger du chimique. Les contrôles quand ils tombent sur une ferme sont terribles en termes d'amendes. Les vaches sont malades bien plus souvent dans ce genre d'endroit où elles ne verront jamais pour certaines d'herbe véritable.

On promettait qu'on allait nourrir tout le monde ainsi et on culpabilisait les récalcitrants. Avant avec les méthodes des anciens on nourrissait tout le monde. Les malheureux on les oblige à acheter leur nourriture car ils cultivent du tabac ou je ne sais trop quoi qui ne nourrit pas comme le colza, on aurait pu réfléchir à garder et faire un peu autrement, parce qu'avec leurs subventions et les emprunts on ne nourrit pas le monde et même les humains les plus pauvres sur la planète sont les cultivateurs. On jette aussi et même en Normandie, à l'endroit historique où on produit le lait des fromages, les petits gars l'autre jour ont arrêté un camion à lait qui venait de l'étranger et rentrait tranquillement dans une laiterie normande ! La grosse usine à lait leur a répondu qu'ils pouvaient bien acheter moins cher le lait aux Allemands si cela leur plaisait. Et les Allemands ils l'achètent où leur lait ? Tout ça pour faire baisser le prix du lait. C'est devenu de l'industrie ce que les agriculteurs produisent et quand des jeunes veulent s'installer pour devenir paysans, c'est-à-dire pour protéger le pays et la terre, la terre est trop chère ou réservée pour des parkings ou des centres commerciaux, ah oui, ou des aéroports plus grands. Ça profite bien à quelques-uns, aux seigneurs ! Il y en a toujours, ils se sont déguisés en hommes et femmes politiques, mais tu le sais, ils n'ont jamais disparu, ils ont repoussé sous une autre forme.

Avec ce chiffonnage de pensée, mon cerveau n'enregistre plus, je perds de la souplesse de partout, je suis moins élastique et je dois rechercher dans mes pensées. Tu ne peux pas encore savoir ce que je ressens. J'ai moins de concentration, pour mon oncle Constant par contre je me souviens du pénible de sa mort, de ma tante qui traînait tout le long de sa vie cette douleur de la guerre, parce que sa douleur à elle a duré longtemps. Ce n'est pas grand-chose la guerre pour les puissants, l'argent pour eux rachète les morts. Plus le temps dure, dans les bons comme les mauvais événements, plus il se retient dans ta mémoire. Pour t'expliquer ce que je ressens, je crois aujourd'hui qu'avec la vieillesse je fabrique de la fatigue de cerveau !

Le Jeu des mille francs

Je voudrais que les paysans survivent, pas moi, je n'y peux plus rien, je suis resté autonome. On vient me dire qu'on nous dévalorise. On a perdu nos connaissances et on doit dépendre des instruits qui n'ont jamais mis les pieds dans un champ mais qui s'y connaissent un petit rayon question drogues ou chimie si tu préfères... Durant leurs études dans les lycées agricoles il n'y a pas de cours sur les engrais naturels, mais plutôt sur la chimie des engrais, c'est pas nouveau et depuis des dizaines d'années ! On nous remplace nos champs par des bouts de ficelle, leurs bordures, entends bien. Un pays sous-développé a des paysans, c'est comme cela que l'on mesure maintenant la richesse des habitants : plus tu as de ploucs, moins tu es évolué ! Je ne sais pas qui leur a donné à bouffer depuis tout ce temps. On nous tue et on nous cache en ne parlant plus de nous, pour devenir un pays sans paysans, pour éviter la honte de paraître aux yeux du monde comme rural.

D'ailleurs on nous appelle les ploucs, les culs-terreux et notre campagne le trou du cul du monde ! C'est qu'en ville tu as bien plus de place et d'air pour respirer qu'en haut des falaises préservées d'Ecalgrain… C'est insultant, mais si on a de la joie dans nos champs ces mots n'ont pas d'importance. Dis-moi… Comment aimer la terre à ces conditions, leurs conditions et leurs insultes ?

Comme nous disparaissons, nous les derniers vieux machins, les derniers cultivateurs, ça donne un peu de remords aux cravateux et cravateuses parfois. Ils promettent car ils sont soudain bien embêtés. Alors comme pourboire on jette par poignées de la drigaille[1], on verdit la campagne avec du tourisme. On te dit :

– Tu t'en sors plus ? Vends tes moutons, tes chèvres, tes vaches et dans les étables mets donc des gens à dormir !

T'es plus rien si dans ta ferme personne ne vient se reposer de son travail de bureau, ni dévorer tes confitures de mûres cueillies sous l'attaque des guêpes contre tes mains.

Les agriculteurs doivent maintenant avoir plusieurs métiers, déjà qu'un c'était intenable en termes de ce que l'on devait de temps au temps. On ne produit plus pour nourrir mais pour amuser. Les paysans sont devenus salariés et subissent les mêmes inconvénients que les salariés, leur terre fertile les met au chômage faute de pouvoir vendre la production parce que ce n'est plus eux qui décident du prix de ce que tu mets dans tes champs, ce que tu sèmes. Même les graines sont surveillées et pourries pour ne pas redonner d'autres graines. Je ne suis pas certain que l'on va s'amuser encore longtemps à ce rythme de dépendance au fric. Des entreprises de tourisme aussi s'installent, une grande ferme

1. Menue monnaie.

ici et là devient un musée. Tu n'as plus un travail quand tu es un cultivateur aujourd'hui mais plusieurs. Et tu ne dors pas.

On nous détruit dans notre savoir-faire et on met nos outils qui ne polluaient pas en bruit la campagne dans des bâtiments morts, les musées. Ces outils doivent nous regarder passer devant eux avec curiosité, ils n'ont plus de vie.

On agit pareillement avec les usines, remarque ! Le travail à la main devient honteux en France, alors que ce travail donne de la joie. Parmi mes visiteurs j'en vois pleurer de malheur, ils ont perdu leur travail vraiment, leurs collègues, leur endroit de vie, ils produisaient, construisaient, ils avaient acquis le savoir de ceux qui leur avaient appris. Ce savoir n'allait jamais mourir. On prétend que l'on a plus besoin de nous, de nos mains, il y a des machines pour cela. Les pays pauvres fabriquent pour nous, et on nous met sous subventions, au chômage. C'est la manie des subventions en France et en même temps on ferme les usines de production à tour de bras. La manie des subventions et des amendes !

La joie au travail c'est du bonheur pour longtemps car elle se transmet. Jusqu'à il y a peu tu pouvais montrer à un jeune ton savoir-faire et lui allait mieux faire que toi encore par addition des connaissances, à plusieurs on inventait une belle histoire, un pays. C'était beau, à la campagne mais aussi à l'usine et dans les ateliers de bois et d'autres matières comme le fer, avec des machines qui ont économisé de la peine aux hommes qui portaient tout sur leur dos comme moi. On ne se nourrit plus, on fabrique pour le fric et on détruit la terre. Les jeunes ne peuvent plus accéder financièrement à la terre, à la mer, aux forêts. L'accès à la terre devient aussi difficile qu'autrefois du temps des très pauvres, du temps des seigneurs. Et tu vois bien que celui qui a du fric, c'est tout pour lui maintenant. Les élus politiques ne payent pas d'impôts et ne produisent pas et se tortillent les méninges pour nous essorer par tous les bouts des biens communs, par l'océan, les forêts, la terre et le ciel.

Ça n'intéresse pas les journalistes une journée d'un paysan, durant le Salon de l'agriculture on parle des produits, de ce qui se vend, s'achète, mais des agriculteurs ? Ou des paysans ? Pendant toujours les gens se sont adaptés et l'agriculture comme là détruit la terre. Je ne suis pas un agriculteur en premier mais un paysan, du mot pays. Jamais un paysan ne tue sa terre avec des pesticides et engrais, les intérêts sont trop forts derrière aujourd'hui. Comme pour les semences, les graines sont mortes pour toujours, les graines que l'on vend sont toutes les mêmes, pourtant des terres spéciales ne s'entendent pas avec certaines et bientôt nous aurons le même goût pour tout. Il y a des résistants, on en parle un peu mais eux vivent aussi pauvres que moi et ils ont une famille. Maintenant en plus on veut interdire à ceux qui produisent des graines de qualité de les vendre sous prétexte qu'elles ne sont pas aux normes ! Le savoir des anciens, qu'en garder ? Les semences d'autrefois sont conservées dans mon grenier. On n'aide pas la production de bons produits sur place en France, l'Europe commande, on donne des subventions aux empoisonneurs ! Et après on les accuse d'empoisonner, ils sont perdus nos petits gars et nos jeunes filles, alors ils manifestent, on les laisse un peu grogner et puis hop ! on leur boucle le bec avec des chèques. Mais ils ne sont pas heureux, vois-tu, pas heureux à leur passé, ni vers leur avenir.

Remarque, pareil pour la pêche. Le port de Cherbourg a perdu ses bateaux de pêche, sous l'ancien maire, qui est notre Premier ministre aujourd'hui. Il a préféré un port de plaisance. Ça nourrit qui un port de plaisance ? Qui ça dérangeait que l'on soit un magnifique port de pêche ? Sur nos côtes plus loin et sans souci, des gros bateaux étrangers à la France ont tout raflé le magot des subventions. Le poisson tu ne peux plus en acheter du vrai, il n'y en a plus du vrai.

On perd notre autonomie... mais je t'ennuie avec tout ça, un paysan comme moi qui a passé sa vie au cul des vaches ne doit pas penser, ce sont les instruits forcément qui ont raison. Tu vas dire que je vais trop loin quand je dis que maintenant on visite la terre pas pour la travailler, on la visite... et les enfants des ouvriers se baignent dans des piscines construites dans les bâtiments où leurs anciens ont trimé pour que la France soit un pays autonome. On ferme les usines et après ? On tue la campagne, ses haies et ses paysages et après ? Oui, le vieux, tu vas trop loin, mais toi tu le sais bien que les champs de maïs c'est pas pour nourrir les hommes, c'est pour fabriquer de la nourriture artificielle pour les animaux qui en crèvent, leur foie est bousillé ensuite à ce régime et les éleveurs s'endettent pour acheter les granulés à vaches. Les vaches mangent de l'herbe, bon sang ! Les éleveurs crèvent du maïs, c'est pourtant pas eux qu'on oblige à le brouter, ce serait facile d'arrêter d'en donner aux bêtes.

Un monde qui ne reconnaît pas son voisin, qui ne reconnaît pas son chemin, que deviendra-t-il ? C'est ma question, pas ce que Paul va devenir, je ne m'en fiche pas mais j'ai eu mon temps. En un mot si je peux dire, j'ai respecté le travail des ancêtres, notre travail, le rythme aussi des bêtes et leurs besoins. Comme je vis vieux c'est de l'embêtement pour moi, je vais voir plus de choses plus clairement, trop clairement, je vais me chiffonner plus longtemps de voir les destructions en tout.

J'ai le temps de voir la terre se détruire et pourtant je n'ai plus le temps pour l'aider. Les jeunes ont le temps mais ils vont vite, pas tous mais ceux-là ils ne font pas de bruit, ils baissent la tête. C'est moche car du beau temps il ne restera rien, une fois la cheminée remontée, mon chemin terminé il ne restera rien des gens qui ont permis au pays d'être aussi beau, aussi bien aménagé avec une terre si fertile.

Sur mes rochers ça ne bougera peut-être pas trop après mon départ. Il n'y a déjà plus de varech. Les rochers, même si je n'y ramasse plus grand-chose, le bruit et l'océan s'imposent encore à moi avec la marée. Mais dès que je quitte ce lieu de tranquillité, dès que je remonte vers ma maison, avec ma vieillesse à traîner, le monde comme il vient, celui que des gens viennent me raconter, ces gens qui ont tant de misères à cultiver la terre et sont désespérés, je les écoute, et ce monde-là, je le prends en pleine face.

Pour eux, pour nourrir leur compte en banque, on leur impose de l'agriculture intense, comme au Salon de l'agriculture qui est le reflet de la bêtise. Où on te présente des bêtes énormes, sans cornes.

Pour te donner un exemple – mais je crois que je l'ai déjà raconté –, quand le bonhomme de la radio est mort, celui qui organisait *Le Jeu des mille francs* autrefois, au moment de sa mort le jeu a été baptisé autrement, nous sommes passés au *Jeu des 1 000 euros*, les euros ou quand le beurre a pris du gras. Tu vois, ça veut tout dire de la vie d'aujourd'hui ce passage du franc à l'euro, et ceux qui ont râlé à ce moment de cette arnaque alencontre de la terre on les a déjà oubliés.

Les filles et les fils

Tu poses une question qui me demande pas mal de réflexion : quels sont les fils et les filles de mon histoire, la part de masculin, sa part de féminin. Tu veux savoir également ce que j'aurais pu être si je n'étais pas né homme, de la catégorie de l'humain. Je serais un genre d'être vivant comme tout le monde, comme toute la nature, pierres comprises, pas plus important qu'un autre. Un homme qui n'a rien fait de bon mais rien de mal, la justice a trop grande goule pour que j'aie eu envie un jour de la côtoyer, les petits ont toujours tort. J'aurais pu être un brin d'herbe, dans la catégorie des fils de. Un brin qui passe inaperçu, qui sert aux autres. Tout est beau à partir du brin d'herbe, jusqu'au Raz Blanchard et au ciel étoilé, l'herbe t'y amène avec tes yeux par nos petits cllos, et si tu y vois moins, tu y vas quand même avec ton nez, et puis tu l'entends aussi broussailler au vent, parfois. Je serais ce que l'on peut toucher avec des mains et avec des yeux. Tous les brins d'herbe se ressemblent à première vue, si on veut, et pourquoi ce brin d'herbe est devenu Paul, je me pose des questions. Je pense qu'un brin d'herbe a le même âge que la terre, sans cesse il se renouvelle par sa graine, il continue de vivre. Si je suis graine, alors moi aussi je continuerai à vivre, d'une manière étrange, étrangère à la vie sur terre. Je ne serai pas un étranger pour moi, mais j'ignore où je serai replanté. Il n'y a pas d'âge pour vivre ta vie, tu vis les événements seulement d'une autre manière suivant ta jeunesse ou ta vieillesse, mais les événements, eux, sont les mêmes.

Si tu ne choisis pas ta vie, il y a de la souffrance. Dès que je me pose des questions je suis dans la vie, rien n'est définitif. On écrit des choses mais les mots doivent pouvoir encore bouger. Penser c'est vivre, c'est bien de ne pas avoir de réponses, se laisser entraîner par la nature, ne pas la comprendre complètement, on voudrait payer pour savoir où on va. Alors que là où on va tous, c'est gratuit ! Je me pose des questions avec les questions des autres et je suis dans ma vie choisie. La nature timidement est venue en moi et moi timidement je suis allé vers elle pour ne pas la déranger. La nature timidement m'est venue, timidement comme moi, je ne voulais pas de bruit pour ne pas la déranger, ni déranger les autres brins d'herbe. Le brin d'herbe doit passer inaperçu. Je veux rester rien, ainsi je ne m'arrêterai pas de penser, tu comprends, sinon tu t'arrêtes, tu meurs avant l'heure. Tu penses que tu es dans la vraie vie et tu marches à côté de la tienne si la pensée ne te vient plus de savoir ce qu'est ta joie à toi. Je veux rester parmi les brins d'herbe. La vie, un tour de champ au final, un champ pas si grand, à plusieurs tours quand même. La pensée est rapide ! La vie un éclair ! C'est-à-dire que le champ est grand comme cela, tu en as pour quatre-vingt-six ans à faire le tour, en ce qui me concerne, exactement cette année.

La vie, allez, c'est un champ !

Le champ du brin d'herbe.

On va découvrir bien des choses, pourquoi les choses arrivent. Dans les années à venir, on va essayer d'atteindre le pourquoi, énormément de questions se posent quand on pense une vie, mais nous n'aurons jamais, jamais la réponse, car la vie est plus forte que nous tous rassemblés.

Je cultive ma vie et je la laisse en friche, le champ de vie ça demande du soin et de la patience. On ne peut vraiment pas le traverser d'un coup, l'embrasser, on ne peut s'y trouver partout en même temps. Il te donne à manger à toi et aux autres, tu sèmes et tu ne sais pas ce que tu récoltes. Tu peux faire le bien et le mal, c'est compliqué, la culture du champ tu ne dois pas l'empoisonner ni empoisonner ta vie par la même occasion. L'école me semble importante, moi je n'y ai pas été beaucoup, car pendant la guerre notre classe s'était ratatinée dans la chambre de notre maîtresse car les Boches occupaient le reste du bâtiment. Elle poussait son lit et mettait des bancs à la place, pour deux heures par semaine, car nous recevions des bombes de par tous les bords, de l'Angleterre, des bateaux, des îles Anglo-Normandes occupées, cela durant trois ans. De ne pas apprendre m'a beaucoup donné de souffrance pour plus tard, car je n'ai jamais comblé mon retard. Des années et des années durant j'ai pensé à moi comme à un idiot, bête, quoi. Je me suis acheté en cachette un petit poste de radio, pas pour écouter de la musique mais des émissions dans mes champs et surtout après le décès du père j'ai vécu plus à mon rythme, j'ai lu aussi le *Pèlerin*, un magazine d'actualité.

Les excès sont si nombreux, on vit dans un monde où il est grand temps qu'on regarde germer les graines, les gens devraient semer le bien, on arrête de pousser, on repart au départ et on regarde, on réfléchit ensemble. Selon moi, on doit nettoyer autour des enfants pour laisser le bien pousser autour d'eux, le gamin s'entoure de beaucoup trop de mauvaises choses, le mal existe depuis toujours, là il prend des proportions trop importantes. On nettoie facilement mais avec un peu de travail quand même, en enlevant les mauvaises herbes, le mal. Des mauvaises herbes sont utiles mais celles utiles on les connaît. La ronce, les coquelicots sont utiles. Une fleur comme celle du coquelicot – le vamôque – est utile mais quand même, elle empêche la bonne graine de pousser normalement. Si un coquelicot pousse au pied d'un grain de blé, il tire la sève du grain de blé, il le bouffe. Le blé, lui, pousse pour donner le pain, il nourrit. Le coquelicot reste joli, il prend la forme du beau, se déguise pour le mal, pour te bouffer. On peut apprendre à reconnaître le bien du mal. Le coquelicot s'il restait loin du blé ça irait, mais il cherche toujours à s'approcher de lui, de l'utile, pour le détruire.

Tu as des gens comme les coquelicots partout, mais il ne faut jamais oublier que seules les ordures poussent, surtout à l'endroit où on ne veut pas qu'elles poussent.

Je suis malheureux de la mauvaise herbe qui bouffe tout, la mauvaise graine est semée simplement parce qu'on ne nettoie plus les champs, les vies, on ne détruit pas sa vie pour détruire la vie des autres. La mauvaise graine tue et ne se rend pas compte. On rencontre le mal, il fait bien plus de bruit que le bien, le bien tu l'oublies, tu vis avec, le mal tu le prends en pleine tête.

Un coquelicot se voit dans un champ, plus haut, plus fort, plus vif en couleur, on le voit et on le laisse. Ses racines mijotent en terre, et des racines actuellement mijotent en terre et dans les caves partout, en ville et en campagne. Avec de l'amour on arriverait à désherber. Certains essaient de nettoyer avec soin et patience, mais on les décourage. La haine, à semer, semble plus simple. Ça pousse quand même. Les bêtes ne s'entre-tuent pas, elles se tapent les unes sur les autres, ça arrive, par peur souvent de l'autre. Le grain de blé pousse dans l'espoir de ne pas rencontrer de coquelicot et toi pareil. D'ailleurs, la différence c'est qu'un grain de blé en donne plusieurs, il croît et finit moulu, tu finis moulu aussi, remarque, mais des os !

Alors bien sûr je ne t'ai pas encore répondu pour savoir ce que serait la fille de mon récit, de mes histoires, celles qui relient un peu le bazar de mes souvenirs. Je l'écris pourtant depuis le départ. Je suis semé, on m'a semé, alors la fille, les filles, le féminin sont les graines. La graine semée, enfouie dans la terre, comme la lune enfouie dans le ciel, on ne la voit pas tout le temps, elle est belle même si on ne la voit pas. On sent sa présence. Elle n'est pas seule, ses pilotes la suivent, la guident. Quand je suis couché je la vois, quand c'est son époque tu la vois avec ses étoiles. La lune disparaît, les étoiles partent avec elle et c'est la beauté de la nature, de ce qui est créé pour nous, quelque chose qui est là mais est invisible. Je ne veux surtout pas savoir où elle part cette lune partagée avec tous, quand elle disparaît, surtout pas. Je n'aurais pas envie de lire un livre sur les étoiles, ni regarder une émission qui m'apprendrait quelque chose du ciel, leur nom, etc. Qu'un savant me dise que voilà, la lune s'en va là quand tu ne la vois plus, ou cette étoile c'est telle étoile et elle va là, sa place est là, non, je préfère l'observer de la fenêtre de ma chambre ou de dehors. La graine, la fille lie, comme les mots encachetés dans des carnets. Tu l'enfouis, tu attends, tu découvres tôt ou tard ce qu'elle a produit. La graine se déterre seule, c'est cela le lien qui lie le récit de ta vie, tu ne décides pas grand-chose. La graine te relie à toi-même, toi le paysan qui ne veut surtout pas savoir ni lire ni écrire comme les savants et savantes, des personnes qui lui feraient croire qu'elles savent où il part à ce moment de sa vie, donc sa mort. Surtout pas. Cette idée de où je pars je veux la penser par moi-même.

La lune

J'ai toujours su que j'allais vivre, même quand petit je suis tombé malade, et surtout à ce moment puisque j'allais mourir. Dans l'ordre du vivant, mes yeux ne vont pas assez loin pour choisir, pour suivre les étoiles, une plus qu'une autre, je connais mes limites de comprendre ou savoir. Je les laisse mes étoiles, mes compagnes de la nuit. Mes yeux ne vont pas assez loin pour comprendre où elles vont quand elles suivent la lune. Il ne s'agit pas que tout disparaisse, il s'agit de ne pas comprendre et de se laisser éclairer par la lune, se laisser surprendre par ses reflets et accepter qu'elle se dérobe, qu'elle se cache. Je ne veux pas être Paul mais un homme parmi les hommes et les femmes, brin parmi les brins pour former l'ensemble. Je suis vivant jusque dans la mort, jusqu'au bout, comme un oiseau migrateur, comme ce homard que je n'ai jamais pêché, que j'ai laissé dans son trou. Le monde animal est réglé, tout est rangé, comme les saisons, la nature n'est pas folle, l'aube, puis la marée… et voilà que nous on dérègle tout, par amour de la liberté, par indigestion de la liberté, par le trop de tout. Je ne sais pas pourquoi je te raconte cette histoire de lune, mais ce n'est pas important que je sache les mots savants. Je ne m'en rajoute pas, je l'observe. Je m'en fiche qu'une étoile s'appelle comme ça ou comme ça. Elles n'ont pas de nom, mais je les repère.

C'est curieux ce vivant. Je préfère avoir observé ces étoiles que les avoir apprises. Je ne sais pas où la lune va et je ne veux pas qu'on me dise où elle va, la lune c'est comme tout, c'est l'infini qui disparaît et revient. La lune ne bouge pas et la terre tourne, cette disparition entraîne qu'à un moment ou un autre elle passe devant ma fenêtre. Comme l'homme passe sur la terre et s'en va, où ? La lune me raconte cette histoire de l'homme.

Bien sûr que le soleil est important, mais la lune, vois-tu, elle décide.

Le soleil c'est différent, bien différent. Parce que le soleil te brûle, te crame. La lune je la vois de mon lit, quand je suis couché, elle vient, elle arrive à un endroit. Je la regarde avant de me coucher, où elle est me donne une idée d'où je suis. Elle donne beaucoup à réfléchir cette compagnie de la nuit. La nature entière m'accompagne tout le temps même quand je dors, la lune m'éclaire. J'aime la lumière de la nuit, son silence, j'ai aimé me promener sous sa lumière, pêcher à son reflet, aller à la marée avec elle. Elle n'a pas de saison, l'été on la voit moins longtemps vu la longueur du jour. Les étoiles y sont très belles à ce moment et compensent. Les étoiles ont un peu la forme de nos petits champs avec nos murets. Des carreaux cassés et biscornus dans le ciel. Ce qui est beau avec les étoiles, on ne pourra pas nous les humains le détruire.

Comme la lune, tu ne peux pas y toucher. L'homme, ce prédateur, ne pourra pas nous l'abîmer. J'aime à penser que le ciel ne pourra pas être atteint par l'homme et qu'il veillera sur lui, sur nous, sur vous parce que moi bientôt...

Nous pourrons toujours la regarder comme elle se montre avec ses dessins qui imitent nos champs à pierres, ou plutôt nos champs à murets imitent le dessin des étoiles dans le ciel. Moi et le ciel nous avons toujours voulu communiquer. Le dessin des champs me donne l'idée que peut-être il y avait un message de nos vieux gens, qui savaient bien plus qu'on ne laisse croire, seulement eux n'ont pas laissé de livres de sciences pour prouver qu'ils savaient quelque chose, ils savaient et voilà.

Je vois la lune qui me regarde et me fait réfléchir à beaucoup de choses, comme par exemple à la graine qui pousse sans démolir la terre mais doit mourir pour revivre. Comment arrêter de détruire ? Voilà à quoi je pense les nuits de lune dans mon lit de vieux bonhomme. On cherche la guerre, je me dis, c'est possible oui. On parlait de la guerre mondiale, pour la seconde elle n'était pas mondiale, maintenant on atteint avec les destructions humaines comme celles de la nature véritablement le monde en nombre de saccages.

Le monde et le mal, je ne comprends pas, je ne veux pas comprendre et toujours du tout début de l'histoire terrestre les hommes ont voulu se tuer et les petits meurent. Pourquoi est-il permis à l'homme de désobéir au bien ?

C'est une vraie question. Le mal fascine à un point incroyable et la terre souffre et pendant ce temps les gens ne travaillent plus de leurs mains, ça rend fou de ne pas utiliser notre intelligence pour construire et pour se nourrir.

Pour ne pas tout à fait finir au beurre de laiterie

Ma grand-mère souffrait en remontant son chemin, ensuite elle souriait en voyant les cheminées des maisons du hameau :

– Je vois l'amont avant de voir le bas !

La grand-mère avait compris de quelle poussière on est fait, ce n'est pas nous qui composons la poussière ! Parce que les gens, à voir toujours le bas, ont des idées de grandeur et de hauteur. En vérité, sur le plat d'un chemin tu peux prendre ton temps. Le monde irait mieux s'il arrêtait de vouloir tout le haut en ne pensant plus au bas. Il faudrait s'arrêter de vouloir plus, marcher sur du plat, accepter les paliers, en inventer quand il n'y en a pas ou plus et surtout cesser de courir. Là il n'y a plus de phases, de saisons, tu es à Noël en septembre juste à la rentrée, tu es en été en hiver dans la tête des gens.

Tu es mort avant d'être vivant pour d'autres.

Je ne pensais pas, mais devenir vieux ça demande des efforts. On doit s'accrocher au mot effort. Je suis à genoux même pour les bricoles de ferraille, j'aime bien car je suis moins plié et je ne plie pas facilement. Si je trayais à genoux encore, les bêtes seraient plus patientes avec moi car je n'irais plus assez vite, elles s'accommodent aux humains. À genoux l'avantage, tu ne tombes pas.

Dis donc, tout de suite je devrais être au sémaphore là-bas plutôt que de bavasser avec toi, te raconter l'autrefois quand on ne pensait à rien du temps, beau temps ou non.

Un voisin m'a crié l'autre jour en me regardant dans mon jardin à pleine pluie, ça torchait :

– T'es fou de ce temps dans ton jardin, Paul, tu vas attraper la mort !

Je me suis relevé pour qu'il m'entende, j'ai mis mes mains sur mes hanches :

– Bon sang, je n'ai pas froid, c'est chez moi !

La mort on l'attrape de toute manière !

J'ai mal aux jambes, je me dois de me dire que ça va passer, ça passe mais moins, la vie défile doucement et la douleur dure plus longtemps. Autrefois je remuais un peu et ça passait, maintenant si tu as mal quelque part ça dure. Ça dure et le temps passe, va essayer de le retenir ! Tu ne peux plus courir après.

À même[1] ma barrière, encore là, j'y suis depuis... je ne compte plus. Un temps fou. Pour penser à pourquoi elle se met mal la vieille bourrique. Oui voilà, c'est presque certain que des gens passent par là et pensent : il bricole encore à sa barrière le vieux dingue, il est fichu ! Comme moi autrefois je me moquais des vieux qui n'avançaient pas dans leurs tâches pourtant simples en apparence. Je fais mine de rien, voilà, vieillir ça n'avance rien et pas à rien ! Il y en a qui essaient de se plaindre d'être vieux à leurs soixante ans, je leur réplique :

1. À travailler.

– Gamin, tu verras ce qui te tombera dessus dans vingt ans ! Tu pourras te plaindre alors, mais pas avant, sinon tu n'auras plus assez de mots pour exprimer ce qui te pend au nez. Tu auras épuisé toute la réserve de plaintes.

Quand je réfléchis à vieillir, je pense à mon boulot, je ne me tracasse plus, je ne peux plus tout d'un coup, je dois être moins exigeant avec moi, je me dis : je ferai au mieux. On ne doit pas se maltraiter, je dois prendre mon temps, car je ne dois pas non pas trop vieillir, mais mal vieillir. Comme je réfléchis au temps, je me rends compte que je suis vieux. Tout est question de temps et avant j'avais le temps, du coup le temps j'y pense tout le temps ! Maintenant, je n'en finis pas, ça traîne comme les jambes. Te dire qu'au fond ça s'arrête petit à petit la vie. Par contre un champ ne vieillit jamais, pas comme le bonhomme. Mon horloge non plus, remarque !

Je n'en finis pas.

Ses lourds poids baissent peu à peu, pour moi qui la remonte, pour m'emmerder et cela tous les quatre jours. Avant je n'y pensais pas, à cette vieille garce qui marque l'heure, je la remontais en lui râlant dessus pour rire un peu. Elle baisse toujours tranquillement, seulement maintenant, elle me nargue en me montrant fièrement ses gongs qui descendent, d'autant que je suis toujours assis devant elle à table. Elle me paraît plus haute, plus inaccessible, elle m'essouffle.

Ce n'est pas lourd une horloge mais ça fait haut de la remonter, de remonter le temps. Je pense à elle bien plus, à ce qu'on a vécu tous les deux, quand je l'ai réparée, du temps où ma mère vivait encore. Je pense à elle, pour sa chance qui ne meurt jamais, car le bonhomme qui prend soin d'elle, le bonhomme tu ne le remontes pas.

Donc, l'eau, la lune, la marée ne bougent pas, elles ne pourront jamais être maniées par les humains.

Cette nuit d'avril 2016, réveillé à quatre heures par la lune venant me rejoindre jusqu'à mon lit, je pensais à l'univers. Je pensais à l'univers, comme lune : Paul, il n'y a pas que nous, que Auderville, mon village qui est là. La lune et les étoiles c'est un univers, ça nous dit comme nous sommes dans ce grand monde, à notre place utile. On ne peut pas aller plus loin avec nos yeux, avec mes yeux, à vue de zieux si tu préfères. La lune me fait penser à la création. Imaginer complètement l'autre côté c'est impossible, le plus loin, le très loin. Ils vont, je veux dire tout plein vont sur la lune, d'un côté et de l'autre, mais selon moi ils ne trouveront pas ce qu'ils cherchent. Ceux qui sont instruits et moi ne sommes pas réunis dans cette recherche, car on ne recherche pas la même chose.

Dans mon lit, racorni de plus en plus parce que je me tasse avec mes os, la lune me regarde et me fait réfléchir à beaucoup de choses, ce qui change c'est que moi je veux qu'elle continue à me faire réfléchir, je ne veux pas de réponse.

Je me ratatine, pas elle !

Depuis quelque temps, va savoir, c'est de la lune dont je me sens le plus proche, de plus en plus. En vieillissant on se rapproche de la terre, personne ne m'accompagne, lentement je remonte mon chemin, je m'y vois comme ma grand-mère, comme je me l'étais imaginé, tout pareil, à aimer le plat alors que quand tu es jeune tu aimes ce qui monte et descend.

Tu aimes râler aussi, tu aimes les vaches teigneuses, tu

aimes les homards qui te résistent. Râler quand tu vieillis tu oublies, parce que même toi tu ne t'entends plus, mais aussi ça t'amuse à repenser à ce temps-là, tu te dis : si j'avais su !, mais pas : je ne serais pas venu, comme dans notre expression, mais si j'avais su je serais venu quand même ! Tu penses à ce temps des râleurs et des teigneux, du homard qui n'a jamais voulu se laisser pêcher, plus que du temps doux. Ce qui est compliqué reste plus dans ta mémoire que le doux de ta vie, l'ordinaire, les petits trucs faciles si je puis dire. Tu crois que tu as fui les complications et ce sont elles qui se souviennent de toi.

Souvent, pour t'avouer un peu tout, quand je suis dans mon plumard je pense à mon champ, donc je me dis que si je meurs dans mon lit je serai dans mon champ ! La mort pour moi n'est qu'une étape. Par contre ce qui me préoccupe vraiment ce serait plutôt de finir complètement au beurre de laiterie, que je ne puisse plus manger des produits naturels.

Je vais être enterré je ne sais pas où, où il y aura de la place, l'idéal ce serait dans mon jardin, mais j'aurais peur de gêner les autres. Que de la terre sur le dos, ni caillou, rien que de l'herbe, de l'herbe à cimetière, pas de monument tel que. On va me trouver un petit endroit mais pas à côté des parents, il n'y a pas de place. S'il nous arrive un pruneau et qu'ils nous expédient dans le Raz Blanchard en faisant péter l'usine nucléaire, alors on ne peut pas savoir où on ira se loger ! Moi y compris. J'aime mieux une tombe et pas dans un rouleau, parce que je ne sais pas nager, mais bon, nous ne sommes pas à l'abri d'un coup de folie ! De nous tout le monde s'en fiche de toute manière.

Ça t'embête de savoir que sur ma croix blanche il n'y aura

que mon nom, mais quand tu es mort, bon sang, l'heure, le temps, les dates ce n'est pas grand-chose, l'important c'est que tu te souviennes toi, pas pour les autres, toi de ce que tu as été pour les autres. Les dates comme tout le reste c'est du temps inventé.

Vieillir c'est ne pas s'apercevoir que l'on vieillit, je pense que je perds plus vite que mon frère, qui a, lui, quatre-vingt-onze ans. Je fléchis plus vite, je décline.

Je me lève à l'heure du soleil, quand il commence à m'éclairer, et je ne confonds pas avec la lune à l'heure inventée, neuf heures moins vingt, j'aime voir le jour donc je ne ferme pas les volets. Je me réveille à six heures et je roupille tranquillement, je m'accorde deux heures de plus. La nuit dans le temps, je ne mettais pas de réveil – pourtant j'en ai un –, je dormais, je me programmais à la marée qui me tenait au corps et à la conscience.

Les oiseaux me donnent des indices sur le sens du vent et ils sont là devant ma fenêtre dont je ne ferme pas les volets. Ils sont là et moi aussi et nous communiquons, nous nous disons des choses importantes, eux avec leur vol et le sens qu'ils ont du vent et moi après les avoir observés toute ma vie. Je comprends ce qu'ils me disent du monde. Une mouette ou un goéland – on dit mouette ici pareillement – a toujours le nez au vent, elle plane dans le sens du vent et elle atterrit toujours dans son sens. Jamais une mouette ne se pose vent arrière, elle se casserait la bobine. Les mouettes, à ma fenêtre quand je suis dans mon lit, m'habillent et décident de ma journée, pas besoin d'agenda !

Il y a aussi dans le ciel, qui se mélangent avec elles, des grands corbeaux. Ceux qui venaient autrefois nichaient, majestueux, mais ils ont disparu. C'est un oiseau intelligent et sage, comme les vieux machins comme moi. On ne voit plus de corbeaux comme dans le temps, beaucoup d'autres animaux ont disparu. Les nouveaux corbeaux sont petits, malingres, ce sont des étrangers, des migrants, fragiles, ils viennent d'on ne sait où. Ceux-là, la lumière artificielle des projecteurs de l'usine là-haut ne les gêne pas. Ils sont nourris par elle, alors que les oiseaux d'ici ont disparu quand elle est apparue. J'aime les rouges-gorges, ils sont habitués et viennent tout près de moi, à se poser sur moi. Je peux rester un long moment sans bouger quand j'en ai un sur moi.

En vieillissant mon territoire change et je veux bien renoncer à ma vie, mais pas à mon paysage, tu l'as bien compris.

Dans le temps, quand j'étais jeune, je me levais plus tôt, à quatre heures et demie, et je bricolais avant d'aller traire, pour un temps de tranquillité. Je dormais peu.

Maintenant mon temps de tranquillité démarre à six heures, je pense en regardant par la fenêtre, je me lève, je prends mes drogues pour devenir jeune naturellement et je déjeune une demi-heure après, je traîne, j'écris mes mémoires de la veille, ce que j'ai vécu la veille, un jour en retard pour prendre le temps d'apprécier. Je ne me pose pas la question de l'heure qui est la question du monde moderne, je n'ai jamais rouspété pour un train en retard, c'est l'avantage, en plus je vis un pied la veille et un pied dans le jour d'aujourd'hui avec ma petite bricole, je bricole avec le retard. Je ne suis pas une machine donc je fonctionne à l'heure du ventre. On mange quand on a faim chez les Bedel, c'est le ventre qui ramène le bonhomme à la maison, pas la montre, je n'en ai pas, la montre ça montre rien de la vie, la vraie vie à soi.

Je ne suis ni terrestre ni céleste, je suis entre les deux mondes à ce moment où je regarde la lune et je réfléchis à la mort, vraiment. Je n'en perds aucun moment, la lune c'est ma joie. Je la regarde avant d'aller dormir, de dehors, puis je monte à l'étage et là elle vient me rejoindre, en s'approchant de moi, avec sa lumière vers mon lit. Ce que je veux dire c'est que c'est elle qui me raconte ce qu'est la vie, ce n'est pas dans les livres, ni même ceux que j'ai écrits, ce qu'elle me bagoule – enfin bon –, tu viens d'on ne sait où, tu apparais, tu repars on ne sait où et tu reviens… La face visible et l'invisible, les contraires sont unis et toi, ou moi Paul, tu prends ta vie entière pour les regarder, jusqu'à la dernière miette. Le matin à la lumière du jour, les mouettes blanches et les corbeaux se mélangent et se partagent le même espace devant ma fenêtre. Je ne veux pas à avoir à additionner des choses, je ne veux pas savoir le secret qui m'attend quand je pense à l'autre vie pour moi bientôt. Pour rester heureux avec moi-même, comment t'expliquer, que je vive ou que je meure, même si tu as du mal à me comprendre, je suis vivant. Parce que j'ai l'espérance, vois-tu. Je suis vivant, car au milieu de toutes les belles choses autour de moi, je n'ai jamais connu la détresse. La détresse notamment des emprunts. Cette détresse m'aurait comme aux autres empêché mes nuits, je les aurais passées à penser comment les rembourser. Mort ou vivant, ce sera pour moi la même vie d'homme heureux. Tu viens de comprendre, je vois bien, mais je suis vivant.

Tu viens de comprendre ce que je te dis, car tu souris et la lumière se met dans tes yeux. Il fait trop sombre dans ma cuisine pour que je voie cela ? La lumière, la vraie, se voit bien mieux qu'en plein mitan[1] d'un éclairage artificiel, voyons !

1. Milieu.

Mes vaches sont jolies parce qu'elles mangent des fleurs

Je n'ai pas voulu avoir de moutons, les moutons sont un peu foufous, ils sautaient facilement chez le voisin, du temps du père surtout, parce qu'à sa mort je n'en ai pas gardé. On se faisait toujours engueuler car ils dévoraient tout sur leur passage, sans distinction, surtout la végétation bien verte et tendre comme les fleurs plantées par les bonnes femmes de la ville. Nos moutons à la mort du père ont attrapé le piétin, le mal aux pattes si tu préfères, ils ne valaient pas mieux que le vieux bonhomme de maintenant. Ils boitaient tout pareillement, comme moi aujourd'hui, mais moi c'est la vieillesse. Je ne voulais pas leur donner des antibiotiques, j'ai arrêté après avoir essayé plusieurs soins, mais il pleuvait trop cette année-là et leurs sabots trempaient tout le temps dans l'humidité. Il aurait fallu mettre les moutons à bronzer au soleil pour sécher leurs sabots ! Je devais leur faire les ongles et mettre du Mitosyl parce qu'il y a du zinc dedans, un cicatrisant, ça prenait trop de temps à étaler et ils ne se laissaient pas tripoter. On pouvait leur mettre aussi du goudron sur les sabots après avoir tout bien nettoyé, mais ils boitaient quand même. Je ne pouvais pas en venir à bout car nos moutons – on dit des bercas chez nous – étaient mélangés avec d'autres troupeaux dans les landes sauvages dont la pâture ici est gratuite. Des landes à la terre saine, pourtant sur le sol la bactérie proliférait. Et puis je n'aime pas la viande de mouton, je n'allais pas profiter d'un élevage comme celui-ci. Mes sœurs et moi avons vendu le troupeau, nous avons aimé les vaches, pour leur donner un prénom, suivant leur caractère, qui s'est mélangé avec notre caractère. Je me suis souvent demandé pourquoi elles étaient si jolies avec leur pelage, leurs lunettes brunes, nous sommes si vilains à cause du vent d'ici, mais elles on peut penser que c'est l'air d'ici qui les rend belles. L'air, oui, c'est bien possible.

On dit peau de vache quand on parle d'une personne terrible, c'est méconnaître leur gentillesse et leur douceur, je n'ai pas connu de vache méchante, des teigneuses qui aiment la liberté, ça oui, mais des méchantes pour dire méchantes, ça non ! Puis est venu le sale temps pour elles, pas chez nous mais dans les élevages. On s'est mis à penser qu'elles devaient manger des protéines et de la viande. On en a fait des cannibales si je puis dire.

Pourquoi acheter la nourriture des bêtes, ça je me demande ce qui est arrivé à notre monde de se mettre à emprunter pour les nourrir bêtement. Leur donner des boulettes de carcasses d'animaux morts, leurs sœurs à bouffer ! Il faut que notre monde soit devenu fou ou alors complètement abêti. Parce qu'elles, les vaches, sont intelligentes, dès le départ dans un pré elles savent reconnaître les plantes toxiques pour elles. On va à la devuette, à la décadence de l'intelligence, du bon sens.

Chez nous elles ne touchent pas au jâonat, au bouton-d'or, surtout quand la plante est en fleur, le vert et la fleur, la prêle – la cacoue –, et je suis comme elles, je ne l'aime pas, ils n'en trouvent pas sur leur passage parce qu'à ces envahisseuses le plus possible je leur fais la peau. Il y a bien sûr la grande ciguë, la chue en patois, très très poison, faut être con pour la couper entière et la mettre dans le foin. Mais tu en as qui ont été des années à l'école d'agriculture et qui n'ont jamais appris qu'elle est mortelle pour l'homme, terrible, et aussi pour les bêtes, à elle faut lui couper la tête pour l'empêcher de grainer. Vers Cherbourg, une année, un médecin en vacances a cru en la déplantant qu'il avait trouvé des carottes sauvages, il a mijoté de la soupe à sa famille avec, je ne sais plus combien ça a donné de morts cette histoire. La carotte sauvage c'est bien simple, quand tu frottes les feuilles entre tes doigts elles sentent la carotte, leurs fleurs se recroquevillent comme pour ressembler à un nid. Celles de la ciguë s'étalent pour te donner envie d'aller vers elles, ce qui est arrivé à cet homme.

Les vaches si tu les observes ne s'approchent naturellement pas non plus du cllaquet – la digitale – que l'on nomme ainsi car les enfants, et Paul encore parfois, claquent ses fleurs dans leurs mains, en regardant avant qu'une abeille ne soit pas grimpée dedans quand même. Pour le séneçon, elles ne le regardent pas, malgré ses jolies fleurs jaunes qui ressemblent au pissenlit, elles ne se trompent pas. Le séneçon on ne doit pas en laisser dans le foin car même en séchant il reste dangereux pour elles et là à ce moment elles ne peuvent plus trier. Des ifs et des lauriers elles ne s'en approchent pas, et si un petit veau avance sa tête vers eux il reçoit un coup de museau et il comprend. Ce qui est bon pour elles est bon pour les hommes, les pâquerettes – les amourôques –, les primevères – les frivoles – mais aussi les fleurs du trèfle, les fleurs de pompon, dont tu peux sucer le suc. Ce qui n'est pas bon au goût naturellement, qui est amer, que ta langue rejette, tu n'y touches pas. Les vaches procèdent pareillement.

On peut mélanger les vaches et les hommes, même si elles ne parlent pas, mais elles ont la même allure que nous en fonction de leur âge, si on les laisse vieillir auprès de nous. Une vache ça se regarde dans les yeux. Elles ont le regard vif, brillant, et leur museau doit être bien humide et pas collant. Si elles broutent dans un champ sain, elles ne sont pas malades, elles pissent bien jaune et leurs bouses sont belles.

Alors évidemment leur lait a le goût du lait et leur beurre a le goût du beurre. Le goût pour moi c'est un plat traditionnel. La crème se forme sur le dessus du lait au repos, tu n'as plus qu'à la cueillir.

La vie avec les vaches est simple.

Tu te demandes pourquoi elles étaient si jolies, les nôtres ? On les voit d'ailleurs dans le film documentaire où j'apparais avec mes sœurs. Pour me résumer un peu, j'ai eu des vaches autrefois, qui ont fabriqué du beurre, en broutant de l'herbe qui n'avait rien mangé, en croquant des fleurs qui n'avaient rien mangé… Mon herbe et les fleurs dans mes champs n'ont jamais été empoisonnées par moi, par des engrais ou des pesticides. Tu vois bien que les gens qui sont nourris au chimique perdent leur beauté naturelle, il suffit qu'ils se nourrissent sainement pour qu'ils la récupèrent. On avait déjà nos plantes toxiques, les hommes de leur plein gré en ont rajouté.

Les vaches ne sont jolies et ne sont heureuses que quand elles mangent des fleurs dans l'herbe naturelle, et puis aussi par tout ce qu'on leur donne d'amour.

La grande marée

La lune ce 6 avril 2016 m'indique que la marée ne va pas descendre, elle ne va pas descendre comme prévu par les journalistes et tout un tas de gens qui parlent de la grande marée comme un événement, car ce n'est pas la saison qu'elle baisse. Elle ne va pas descendre à plus de cent en coefficient et pas cent dix-huit – en février oui, elle serait descendue avec un tel coefficient. Bon, tu vas me dire, ça donne à parler aux journalistes qui n'iront rien vérifier comme toujours, un coup d'œil sur l'almanach qui est recopié d'année en année en dépit du bon sens. L'almanach je ne regarde pas, je n'en ai pas besoin, le jour de la lune, à mon heure, la mer est basse à une heure moins le quart et à la vôtre à trois heures moins le quart de l'après-midi. La grande marée qui n'en est pas une vraiment, par la publicité fausse que l'on en fait à la télévision, permet de donner envie aux gens de sortir. Mes homards, mes rochers ne seront pas découverts, tant mieux. Avec ce beau temps tout le monde se serait battu pour eux, pas pour les défendre mais pour les prendre plutôt.

J'essaie avec mes souvenirs de penser à mon âge. Quand on me demande :

– Quel âge t'as, Paul ?

– J'ai tant de grandes marées, des vraies, pas des inventées par la télévision ! je réponds.

Je compte les saisons de mon corps plutôt que les années, j'ai pas mal de marées à mon compteur. Des marées descendantes qui ont du mal à remonter et pourtant c'est les mêmes.

Des saisons plutôt que des périodes. L'homme que je suis sait maintenant ce que veut dire hériter, de la vie, je ne suis plus un jeune vieux comme il y a dix ans, je suis vieux, crochu du corps à force d'avoir porté les bidons, porté la terre.

La mort c'est comme le soleil, pas la lune, elle brûle. Pour ne pas qu'elle me brûle de trop, je fermerai un œil après l'autre, pas les deux à la fois ! Comme cela également je ne serai pas trop ébloui au moment de… Je clignerai des yeux, l'un après l'autre.

Tu vas encore me demander lequel verra le mieux, des deux yeux, je devance ta question : je verrai mieux avec celui qui se sera fermé en premier. Un qui se ferme et l'autre se fermera mais s'ouvrira pour entrevoir quand même. Il y aura un petit entre-deux, je présume, ce petit entre-deux m'importe beaucoup. La mort vient doucement, elle ne se ferme pas, ne ferme rien. Je te complique, mais au final celui qui se ferme, d'œil, voit tout autant que l'œil qui est ouvert, tous ceux qui sont morts pourraient te le dire, je t'assure.

C'est proche je crois pour moi. Proche mais il y a des surprises parfois. L'essentiel d'une expérience de vie, chacun de nous, ce rendez-vous sur cette terre, c'est une saison renouvelée. Je cherche des réponses sans vouloir trouver de réponses pour que jamais je ne sois complètement terminé.

Nous sommes ensemble, ensemble nous formons la pensée de l'humanité.

Il y a les pierres, le vent, tellement le vent, les petites bêtes et les plus grosses, et cela n'appartient à personne, elles sont là, et moi je n'appartiens à personne, surtout pas aux horaires inventés qui poussent le temps, ce temps qui a trop d'avance aujourd'hui. Je ne possède rien, rien, tout est à la nature et je suis à la nature. Le monde ne finira pas parce qu'il y a le vivant, c'est l'espérance, tant qu'il y a du vivant on ne finira pas, je serai fichu, foutu, mais ce monde puissant qu'est la nature ne finira pas.

J'ai choisi ma vie pour vivre. L'œil resté ouvert ce sera cette vie.

Je suis une marée, sans ou avec coefficient, je ne sais jamais jusqu'où je vais descendre ni remonter, mais toujours je reviens vers les hommes, leurs baraques, leurs champs, leurs bricolages, les sons d'ici, ceux des falaises. Pour aller vers ma dernière marée, j'ai bien fait d'être timide. Je la rencontre mieux.

Quel âge j'ai ? Je radote mais je ne sais plus bien, je regarde mon réveil les 14 mars jusqu'à minuit, à la solaire je reprécise, clac, je passe le temps et je passe mon temps. Puis me vient cette sensation de l'automne, cette sensation de l'hiver, cette sensation de l'été et du printemps en redevenant pour un an, quelques mois ou secondes un brin d'herbe.

Je ne peux pas regarder qu'un brin d'herbe, mais tous les brins d'herbe se regardent en même temps, va-t'en essayer d'en regarder un tout seul ici ! Impossible, et tous les brins d'herbe te frôlent et certains te tapent dessus et certains te caressent. L'herbe d'ici bien sûr qui ne mange pas d'engrais.

Ils te tapent, j'ai été tapé, parce que je suis innocent, on ne tape que les innocents.

Le malheur est quand l'on peut devenir le tout, quand nous ne sommes plus que nous-mêmes, et que nous ne sommes plus avec les autres mais que nous sommes contre les autres.

Je ne veux être rien, mais rien, ainsi je ne m'arrêterai jamais de penser. Quand on est trop tout, on est tout, et donc tout t'empêche d'être ce que tu es car tu t'arrêtes de tout. Je ne veux pas être Paul mais un homme parmi les hommes et les femmes, brin parmi les brins pour former le tout.

On change l'heure et toi tu viens ce matin et tu me dis que je me lève tard, que je déjeune tard, il y a eu cet absurde changement d'heure le dernier dimanche de mars. Des fous ont changé l'heure et les poules, les vaches, les bêtes et même la marée ne veulent pas de ce désordre et moi je me lève à la même heure depuis toujours. Je refuse ce désordre. L'heure inventée te fout la brouille[1] avec les gens, au point que tes semblables ne comprennent plus rien de toi. Le normal est devenu l'anormal et on se plaint maintenant de la violence. La violence a démarré quand on a voulu devenir la nature, choisir l'heure, la construire, l'imposer.

Je choisis librement de ne pas vivre à l'heure absurde, parce que les marées naturelles et le temps passent et je ne veux pas perdre mes heures, je choisis mais je n'ai pas le choix, mon corps vit avec le soleil. Si je meurs ce mardi 5 avril, je ne mourrai pas le 4 avril, j'espère, ou le contraire. Je ne préviendrai personne, ainsi j'ai espoir de pouvoir

1. Te fâche.

mourir à mon heure naturelle. Imagine, quelqu'un qui meurt la nuit à minuit passé, il est mort à matyn, ce matin, ce qui veut dire aujourd'hui, le lendemain du jour qu'il aurait dû mourir véritablement. Ça change tout quand même ! Bon c'est vrai, tu gagnes un peu sur la vie sur le papier, mais tu ne gagnes rien sur la vérité du jour de ta mort. L'hier et l'aujourd'hui sont compliqués et les hommes les ont compliqués. C'est pourquoi je veux mourir sans surveillance, dans mon sommeil. Par contre je n'ai pas de préférence, durant la marée haute, marée basse ou l'étale, je les ai appréciées toutes les trois.

Les sœurs me trouveront dans mon lit, mon docteur écrira l'heure de ma mort, qui sera quand elles m'auront trouvé, je sais qu'elles feront attention de prévenir en décalant l'heure pour que je sois mort à la bonne heure. Je veux mourir à la bonne heure, ça ne coûtera rien à personne cette demande de moi.

Les dates de naissance et de mort sont inventées, on se présente décalé sur le papier, sur les papiers officiels, seuls le soleil et la lune connaissent la vérité du temps. Alors si je meurs ailleurs qu'à l'heure de mon horloge, s'il te plaît fais en sorte que soit notée l'heure naturelle sur mes papiers, sur mon acte de décès.

Tu vois, je ne demande pas grand-chose pour mourir. Tu vas dire encore :

– À la bonne heure !

Les saisons tendres

Dans le champ à côté j'ai de l'osier, pour mes paniers et hottes, mais voilà que ça gênait la vue à certains voisins, car l'osier doit pousser haut pour avoir de belles tiges. Alors j'ai tout démoli il y a deux ans pour ne pas avoir d'histoires. Tout change, comme si ceux de mon âge n'ont plus le droit d'exister, tranquilles dans la vie. Plus de cloches dans les villages, plus de ruches, plus de coq, on lit des choses incroyables dans les journaux. Les gens veulent du silence naturel mais acceptent le bruit artificiel, le réclament, comme la musique, c'est-à-dire le boucan. Nous n'avons jamais été en ville emmerder les gens de la ville ! Je ne suis jamais allé emmerdé les gens avec mes vaches et leur mettre des bouses dans leurs rues à Paris ou ailleurs. Ils nous ont apporté leurs exigences. Les dernières années où j'ai eu des vaches, je les rentrais le moins possible car en les déplaçant, si les unes ou les autres lâchaient une bouse devant une porte, le scandale éclatait. Même dans un village un paysan n'a plus sa place. Tout un drame.

Quand je naviguais[1] encore avec mon troupeau jusqu'au

1. Déambulais.

sémaphore, un jour je dis à une voiture de me suivre. Voilà qu'une mauvaise vache fiche un coup de tête à une autre et fiche le rétro du conducteur en l'air. J'ai voulu rédiger une déclaration d'assurance, on allait s'arranger. Au lieu de cela l'homme m'a affirmé qu'il connaissait un mécano et qu'il allait réparer les dommages sans souci. Ça n'arriverait plus maintenant cette compréhension. Les saisons mêmes sont embrouillées par les exigences de gens qui n'ont jamais vécu dans la campagne.

Quand bientôt ma nouvelle vie va commencer, j'emmènerai peut-être avec moi la sensation de l'automne, cet espoir de la prochaine vie. L'automne quand tout meurt en apparence, les feuilles tombent et tout ça, les arbres se dessèchent, l'herbe change, elle se dessèche aussi, mais sa racine est prête à repartir, l'herbe ne meurt pas et la vie ne meurt pas. Elle meurt quand tu meurs mais sa racine est toujours là et la racine repoussera. Celle de Paul comme la tienne. La mort ressemble à l'automne, un brin d'herbe en automne.

L'hiver : il fait plus froid, tu as des frissons, l'herbe se replie, se rabougrit comme le bonhomme, comme moi qui me courbe sous le poids du jour trop frais. La nature sommeille, attend avec confiance. Ça bouge plus, les oiseaux ne chantent pas, ils ne sont pas gais, les hirondelles sont parties. L'hiver ressemble à avant la naissance.

Au printemps, les oiseaux reviennent en même temps, coordonnés, en route actuellement, ce 6 avril, pour revenir chanter. Les grives ne chantent pas encore, c'est pas le moment même si sur le papier on est au printemps – encore une invention des hommes, pas besoin de calendrier. Le printemps c'est ta jeunesse. Il pointe son nez quand il le décide, ça y est, il est là, les oiseaux chantent, l'herbe prend la couleur, des couleurs. Il fait un peu plus chaud, la terre sous nos pieds est plus chaude, moins froide, elle n'est pas souple, on a beau la poursuivre elle ne change pas, et quand le printemps sera là elle se laissera manier. Ce n'est pas une question de date mais de terre, le printemps. C'est la saison des vaches, elles l'attendent pour manger les fleurs. Elles ne mangent que ce qui est bon pour elles, sans arracher les racines. Elles aiment ce qui est tendre, pas les fleurs à clochettes – les nunus –, les lupins. Remarque, elles mangent ce que Paul mange, parce que moi les clochettes il n'y a pas de danger que j'en goûte une seule. La différence avec elles, c'est que moi les fleurs ne m'ont jamais rendu joli. La saison des petits veaux quand pour la première fois ils entrent dans un champ, toi tu les regardes ému devenir heureux. Les vaches c'est la tendresse si tu préfères, la tendresse rend beau. Le pissenlit, le trèfle, les pâquerettes, les fleurs sauvages rendent les vaches jolies et elles le savent. Moi j'aurais pu en avaler autant que possible, je ne serais jamais devenu joli, non, parce que j'ai mangé de la terre, de la pierre et bu l'eau salée, j'en ai pris à ras. Ça ne rend pas joli la terre, ça rend heureux, par à-coups de vent, mais ça ça ne se dit pas, il y a peu de gens qui pourraient comprendre ma pensée.

Cette année 2016, ce printemps, tout devrait pousser, mais la nature ne pousse pas, car on ne peut pas la pousser, comme les gens de la météo le voudraient. Elle prend son temps, ça vient petit à petit comme la vie. L'été fera du rab en septembre, tu verras. Midi va sonner et il n'est que dix heures, alors le printemps sur le papier c'est pareil. Il n'obéit pas au désir des hommes. Tes saisons tu dois les apprendre, les vivre, les inventer, les reconnaître même quand elles n'arrivent pas à l'heure. Le calendrier, tes saisons elles s'en foutent bien, et même si des journalistes ou des savants réclament qu'elles rentrent dans l'ordre, elles n'obéissent pas. Les saisons sont ton temps, ton âge que tu as, et cela dépend des années, on ne connaît pas d'avance ce qu'on fait, ce que j'ai semé. Cette année le poireau me prend d'agacement. Les asperges j'ai voulu les biner pour améliorer, c'est comme si je m'étais couché. Rien n'y fait, elles ne veulent pas monter, donc j'attends.

Parlons de l'été. L'été il fait chaud, tout est debout, il approche quand tout est prêt à être cueilli, c'est l'inspecteur des travaux finis. La pointe de la Hague jusqu'à lui est parfois triste, grise en l'absence de l'été, et soudain tout s'illumine avec l'heure des foins.

Pour m'en sortir, pour ne pas trop me morfondre, pensant me déshabituer de l'horaire de la traite, des heures attachées à moi et à mon corps, je suis allé voir les veaux des autres, la nuit, ils venaient à moi et je sentais leur odeur que je ramenais sur mes mains. Je te l'ai déjà raconté. J'y vais encore bien sûr. De moins en moins, les habitudes s'échappent peu à peu, diminuent en intensité, j'ai eu beau les attacher à ma mémoire, je les ai laissées partir. Ils sont dans les champs des autres, au besoin j'y retournerai. J'ai moins besoin d'aller les regarder. D'autant que de plus en plus les veaux n'ont plus de couleurs, de taches normandes rousses ou bretonnes noires. Ils sont mignons bien blancs mais quand même. Il y a aussi la question des cornes que l'on coupe même ici et cela dès la naissance. Des vaches sans cornes, quand même ! Est-ce qu'on réfléchit ? Je suis certain qu'un jour, à nous aussi les hommes on coupera tout ce qui dépasse, en commençant par les oreilles, déjà que ça a failli m'arriver complètement.

Il y a moins de monde, qui vient me voir, moins de visites, ça porte un peu à l'ennui comme mes vaches quand les dernières sont parties, la compagnie me manque. Tu vas dire que c'est pas pareil les gens et les vaches, et pourtant ça me refait une coupure. Quand mes vaches ont été coupées de ma vie, c'est identique, je me retrouve dans le même truc. J'ai eu et je n'ai plus. Avant, jusqu'il y a deux ans environ, j'ai eu jusqu'à des dizaines de lettres par jour et maintenant quand j'en ai une j'ai le temps de la lire. Quand mes visiteurs sont devenus rares, ça a été pareil la rupture, je tournais parfois en rond. Pour les vaches, je me répète, je suis allé voir les troupeaux des autres, parfois en cachette, parfois non. Surtout les bêtes à taches, les vraies vaches quoi. Pas celles que l'on nous met dans les champs actuellement, toutes pareillement habillées de blanc et pire même, des sans cornes. Je me suis même mis à apprécier les vaches bretonnes, noires et blanches, quand il n'y avait plus de normandes à me mettre sous les yeux. Mais là quand même, je ne peux quand même pas aller voir les gens des autres pour m'habituer tranquillement à leur présence plus rare ! Je suis isolé et les gens ne sont pas dans les champs, ils s'enferment, les gens ne sont pas des vaches.

Les gens, les fidèles et ceux qui arrivent jusqu'à moi encore pour que je leur mette un petit coup de griffe sur un de mes livres qu'ils ont acheté et lu, me parlent de mes souvenirs et j'ai l'impression de rajeunir. Parler de ce que j'ai écrit me donne l'impression que les souvenirs sont plus près de moi.

J'ai peur de perdre la mémoire, alors avec les bouquins, plus les carnets, je me dis qu'il suffira juste de continuer à savoir lire et la mémoire restera. Les carnets sont là pour compenser. Définin ce n'est pas grand-chose, mais ne pas se souvenir ça c'est autre chose. De toute manière, c'est tout le temps le fouillis chez moi pour que je m'y retrouve.

Ce qui change en moi actuellement ce sont mes champs et ça se voit, le bonhomme est à l'abandon même s'il travaille encore, à l'abandon comme ses champs. Jamais je n'ai eu un champ comme j'ai actuellement, vers Goury, je le fauche à la faux, un plaisir lent pour moi. Je gueule sur moi mais j'aime bien, je ne voudrais pas qu'on me dise que j'ai mal laissé mon champ, il est dégueulasse c'est vrai, mais je montre que je l'ai pas complètement abandonné.

J'ai laissé ma terre pour m'occuper de moi en m'opérant des yeux et on m'a coupé les oreilles. L'oncle m'avait dit un jour :

– Occupe-toi de toi.

Mais voilà, en quelques semaines d'hôpital et de pansements, j'ai pris du retard parce que je n'ai eu personne pour me remplacer. Je ne me plains pas, faut me croire, le seul qui peut se plaindre c'est mon champ. La terre rend peut-être seul, elle finit par te happer, tu deviens en elle par obligation du temps qu'elle te prend sur toi, qu'elle te bouffe sur le dos, et maintenant des gens viennent pour me questionner sur ma vie près d'elle.

Le bulletin municipal a voulu m'interroger, mais l'enquêtrice, qui menait l'enquête, n'a rien mis finalement dedans. La jeune femme m'a expliqué au téléphone ensuite que c'était trop long, que j'avais trop dégueulé sur ma vie, donc c'est tombé à l'eau. Une histoire de terre qui tombe à l'eau dans une presqu'île, c'est bien normal. J'ai fait avec elle comme avec toi, j'ai raconté, j'ai raconté et elle notait, et après je crois que je l'ai endormie avec ma vie, ça veut dire ennuyée, parce que peut-être dans les champs la vie d'un homme à la terre ça n'est pas tout à fait intéressant comme celle de Johnny Hallyday ! Lui aurait été devant elle, aurait raconté n'importe quoi de vrai ou de faux, tant pis, on lui aurait laissé le bulletin pour lui tout seul. Je t'en parle, mais vraiment pour moi ça n'a pas d'importance.

J'accepte d'être vieux. La nature me commande, l'acceptation est plus facile si les hommes n'inventent pas, n'inventent rien pour la contrer, parce que sinon il faudrait enchérir sur tout. Je me laisse porter par la nature. Je bricole dans le jardin, je ne travaille plus, je m'amuse, quand je ne pourrai plus y aller je ne pourrai plus y aller, c'est aussi simple que cela. Toutefois je vois que j'empire. La mémoire je la perds, mais ça va, elle bourdille, s'éteint peu à peu, tu es assommé, tes forces s'en vont mais tu vis encore.

Je sais bien, tu te demandes, comme je suis à pas grand-chose d'elle, laquelle mort me ferait peur. Tu rigoles ? Peur de la mort ? Il aurait fallu que j'aie eu peur de la vie pour que je puisse te répondre ! Oublier de mourir pour le coup, ça ne me plairait pas trop. Quand ça va m'arriver, le vieux machin va fiche le camp. Tu diras :

– Paul s'est échappé !

Il s'est échappé, pour une nouvelle vie qui n'est pas une vie, on ne sait comment elle s'appelle. La mort, cette justice pour tous. Tout le monde est logé à la même enseigne, riche ou pauvre. Même punition.

Cette idée me plaît, plus je vieillis et plus j'en ris, surtout quand je les regarde à la télévision ceux qui sèment les mauvaises graines du mensonge et de la violence. Tu n'en as pas un pour racheter l'autre et surtout personne ne les arrête.

Écrire la mort en cours de vie

Le pouvoir fascine. Moi ce qui me fascine actuellement et parce que je les ai regardées hier, avant que tu arrives pour m'enquiquiner avec tes questions, ce sont les mares de terre.

En bas, l'écoulement des eaux et la mer se mélangent, la mer vient un peu y grignoter. Les mares de terre ne bougent pas, elles existent naturellement, ce sont des petits carrés en morceaux peu réguliers, mais ils forment un paysage, quelque chose à regarder, si tu préfères. Les petits ruisseaux y arrivent tranquillement, les séparent, et lors des grandes marées l'eau s'infiltre par-dessous et leurs eaux se mélangent.

La mémoire du sol s'inscrit dans ces mares de terre, l'eau de terre et l'eau de mer se rencontrent dans ces mares très jolies à voir, près du sémaphore ou près du port de Goury. Nous n'avons jamais pensé fabriquer du sel comme dans les marais salants car ici nous avons bien le vent pour qu'il se cristallise, mais il nous manque le soleil pour la chaleur et l'évaporation. Nous avons la lumière, pas la chaleur, souvent entre les deux il faut choisir. Les mares de terre sont les écoulements des eaux d'ici qui s'en vont là-bas et la mer vient dedans. Je ne saurai jamais complètement ce que ici veut dire ni là-bas. Cela m'est égal de savoir.

Ce qui est moche ici-bas, c'est que l'homme veut dominer la nature, peine perdue, il n'y arrivera pas. Ce que je trouve moche c'est les monstres qu'il construit pour la dominer. Pas pour la santé bien sûr, mais dominer, ça va pas. La machine prend le dessus de l'homme. Le tracteur s'est mis à mon service et je ne me suis pas mis à son service. Ça part par tous les bouts, les jeunes et les plus âgés ne retiennent rien de l'autrefois, sauf exception, ce que nous sommes habitués depuis les vieux temps est balayé d'un coup, à toute vitesse.

L'harmonie naturelle c'est la façon de vivre. Je pense qu'un mur non rectiligne est plus beau qu'un mur rectiligne, l'harmonie ce n'est pas forçément ce qui est beau, posé par l'homme et ce qu'il a commandé. Un beau mur c'est la nature et son sens qui a été respecté qui compte selon moi. Le mur de mon jardin refait est affreux, ce n'est pas le mien, la pierre doit être posée en fonction de l'autre, elles ont du sens, ce n'est pas une addition de pierres, sans ciment les pierres se cassent la gueule, donc tu forces la nature avec du surplus, tu ajoutes. La nature construit simplement et l'homme est mauvais par nature, s'il ne veut pas la suivre. Les choses sont douces si elles ne sont pas transformées. Douces pour l'homme. Mon mur de jardin je ne le regarde pas, il donne sur la route. C'est la municipalité qui l'a refait en ciment. Bon, tu payes un gars pour le fabriquer, c'est bien normal, mais les pierres et le ciment, les payer c'est quand même du superflu, d'autant que ce sont des pierres de pas d'ici, orangées et je ne sais pas quoi. Les pierres ici tu les prends, tu les poses avec du sens et de la raison, les unes sur les autres et rien d'autre, le matériau ne coûte rien. Ton mur tient plus beau et plus vrai. Ça me turlupine de savoir qui parlera des murs de pierres sèches à ma place, quand je serai mort. C'est pour cela qu'en cours de ma vie je t'en parle autant. J'en ai plein les mains de mes murs, plein le dos et plein la tête, tellement j'en ai construit et conservé.

Je me voûte, je laisse la nature, je n'en souffre pas, les vieux ont toujours marché crochus et quand je me suis habitué à ne plus y voir je regardais mes pieds pour ne pas me casser la gueule sur un caillou. J'ai pris un mauvais pli, un mauvais pli qui ne se déplie plus. C'est-à-dire que j'ai toujours vu les vieux marcher courbés, marcher vent debout contre le vent, mes frères ne sont pas voûtés car ils ne sont pas devenus paysans, les champs nous tirent dessus, à porter le foin sur le dos et courber dans le vent. L'hiver, quatre balles de foin je les montais à deux kilomètres, je n'ai jamais pesé, ça n'aurait rien voulu dire, lourd c'est lourd. Des bottes de foin à ma façon, pas celles que l'on voit maintenant, attention. L'hiver avec la neige, pas d'autre solution que de me servir de mon dos, un mauvais aller – car je ne prenais pas ma brouette, ça aurait été aussi pire, elle n'aurait pas roulé dans la neige ou elle aurait mal roulé dans la neige –, mais un bon retour – j'avais les mains libres et le corps léger pour rentrer sans rien de lourd ni à rouler. Un mauvais aller et un bon retour, le boulot dans le temps ça ressemblait à ça pour moi, pour le père comme pour tous nous autres. En montant dans mes champs je pensais au retour facile. Un drôle de boulot naturel. Parfois je travaillais dans les champs du sémaphore et je devais ensuite rejoindre les autres de l'autre côté. Sans horaires sauf ceux des animaux, au moment de vêler. Mon travail s'est inscrit sur moi, à la radio du squelette le médecin m'a affirmé :

– Vous devez avoir mal, c'est tout déformé !

– Je travaille tout le temps, les vieux qui ont travaillé ont l'habitude, ne souffrent pas.

D'après lui la colonne vertébrale est dérangée. Bon, j'ai mal à un orteil, je n'ai jamais apprécié les chaussures, elles me serrent les pieds. Je préfère les sabots aux bottes, ce sont mes chaussons à moi car j'ai mes orteils qui ne m'obéissent pas et certains veulent se cacher sous les autres. Mes sabots sont en cuir à la mode, la semelle est dure et ne plie pas, du coup mes orteils se tiennent tranquilles. Parfois dans le jardin je perds un sabot car il n'y a pas de talon, je monte rarement dans mes bottes sauf pour aller à la mer, c'est pas bon, j'aime pas ça, j'ai essayé de les remettre, ça marche pas, non, les bottes ça marche pas. Je les ai coupées car elles sont trop hautes, elles me coupent au niveau du tibia. Je ne comprends pas les gens qui mettent leurs bottes dès qu'ils voient un peu de terre, avec elles on ne se plie pas.

Ça fera dix ans que j'ai été filmé dans le témoignage de mon travail, la dernière année des vaches et de tout. Les journalistes c'est curieux tellement c'est curieux. Ils sont malins comme tout, comme s'ils ne savent pas ce que je fabrique dans un jardin, un vieux qui travaille dans son jardin c'est pourtant simple. Mais bon, il y en a un qui a appelé pour venir me rencontrer et faire un article pour les dix ans du documentaire, mais il a prévenu : il ne veut pas que je parle de mes livres, comme si écrire ça ne compte pas. Lui seul sait écrire, d'accord, alors !

Un vieux dans un jardin, j'espère qu'il saura le raconter, c'est un homme content, pas de lui mais de sa terre et des misères qu'elle lui impose. Un vieux Paul Bedel dans son jardin, c'est un paysan qui s'isole un peu, pour ne pas voir le moche pousser autour de lui. Voilà ce que je vais lui dire quand demain il viendra.

Ça sera tout différent de ce que je vais lui dire ce qu'il va écrire, comme souvent, il pense peut-être que je ne sais pas lire ? Bon, il paraît qu'ils ont leurs mots comptés un à un et qu'on leur en retire, quand les articles sont publiés ça ne ressemble plus à ce qu'ils ont écrit. Tu parles d'un métier.

Bien des gens partent avec leurs belles vies, sans empreinte, sans avoir écrit. Un lycée agricole, ce mois-ci, du pays de l'andouille de Vire, est venu. Les gamins, dans tout ce profane et religieux de ma vie, ça les intéresse, même eux parlent de ce qui me porte pour tenir, l'église ils ont voulu la voir, alors nous y sommes montés ensemble, en procession bavarde !

Moi, je leur expliquais, que je devais refermer l'église à telle heure, à pied je revenais et je retournais dans mes champs. Ils avaient les gros yeux d'admiration, tu n'imagines pas un jeune s'arrêter pour fermer l'église maintenant. Le temps pour un paysan, c'est de la marche à pied, dans la Hague, avec nos petits clos qui ne sont pas côte à côte. Ils m'ont posé la question qui revient souvent :

– Pourquoi tu n'es pas prêtre, Paul ?

– Je devais rester là pour témoigner autrement.

Tu as du vivant partout dans notre métier de paysan, mais si tu restes dans ta stabulation tu ne peux pas sentir ce vivant. Enfermé.

Ou bien encore :

– Pourquoi tu écris sur tes carnets ?

– Malheureusement ma tête me défausse, je pense toujours beaucoup, tout le temps, de plein de sujets en même temps. Maintenant mes pensées partent dans tous les sens, comme si j'ai moins de temps. Je dois écrire ce que je sème sinon je n'y pense plus, j'ai besoin des mots, j'écris encore plus.

– Ça t'aide à ne pas perdre la boule alors ?

– Pas perdre la boule, ni perdre un bout !

Je les encourage en tout cas à écrire, à laisser trace de leur passage sur leur terre et paysage.

Je ne sais pas en définitive si ça vaut le coup de venir voir un vieux bonhomme en fin de course comme moi.

Pourquoi écrire, c'est ce que tu veux savoir toi aussi, et ce que ce journaliste ne veut pas savoir d'ailleurs, tout le contraire toi et lui et les élèves des lycées agricoles. Moi j'aime bien les questions sans réponse, je peux quand même te confier que j'aime bien le geste d'écrire, j'y mets aussi de la salive, en suçant mon crayon à bois, à mine, écrire c'est du silence qui te parle, pour après, après quoi… Bon, s'il veut bien marcher un peu ce journaliste – ça m'étonne parce que souvent ils n'ont pas le temps –, je vais l'emmener aux mares de terre et lui dire :

– Écoute et entends, elles racontent mon pays.

J'aime écrire, pas dans l'intention de bouquins, le plaisir d'écrire ce ne sont pas les bouquins, c'est les carnets. Ceux qui écrivent pour toi peuvent détruire, faut pouvoir corriger. Je n'aime pas les choses romancées, elles ne sont pas la vérité, les choses fausses ça va pas. Où sont les limites de ce que l'on écrit sur soi ? J'ai une secrétaire, c'est toi, on se fait des confidences, et dans secrétaire il y a secret. Si tu écris ma vie, il y a du secret quand même. Les limites de ne pas tout écrire.

Tu ne peux pas te confier à un homme pareillement, tu dis plus tes sentiments à une femme, et donc à toi qui m'accompagnes dans l'aventure d'écrire ma vie. L'homme m'aurait jugé comme homme, la femme ne juge pas. Toi tu ne me juges pas. À un homme qui aurait écrit ma vie j'aurais parlé de ma terre, et avec toi, une femme, j'ai pu raconter les sentiments. Au départ j'étais réticent quand tu voulais que je te parle de la femme qui... n'a jamais été ma femme, tu ne m'as pas obligé, remarque. Ça intéresse la vraie vie, pas que la terre, on ne peut pas comprendre la vie de quelqu'un si on ne parle que du boulot, on doit un peu lui fouillasser dans le cœur. Tu ne peux pas raconter que du homard, que des patates, que des cllos et de la solitude. Si tu ne racontes pas tes soucoupes volantes, vues dans le ciel noir, en définitive tu ne racontes rien de toi vraiment. C'est l'amour qui écrit les mots aussi, il ne faut pas oublier l'amour.

Là j'écris ma mort en cours de vie, ma vie en cours de mort je ne pourrais pas l'écrire. Je te confie ce que je pense qu'il va m'arriver, avec ma limite qui est la même que nous tous face à ce mourir. Avant je pensais d'ailleurs que les livres n'étaient pas vivants, que seuls mes carnets l'étaient par ma vie confiée à l'intérieur. Mais j'ai pu vérifier que je me trompais. Car avec les bouquins j'ai raconté l'histoire de ma vie que je n'ai pas eue, avec une femme que j'ai beaucoup aimée. Sa fille est venue me voir pour faire comprendre qu'elle avait compris le sacrifice que j'avais fait de ma vie avec sa maman qui était promise à un autre, par respect. Il y a eu là un prolongement aux mots. Il y a eu un retour à mes questions posées dans mon livre à ce sujet.

Sans mon livre je n'aurais pas eu la possibilité de savoir que pour elle j'avais compté un peu quand même, véritablement. Personne ne peut comprendre, pour la paix de ma vie ce moment a été important quand sa fille m'a confirmé ce dont je me doutais depuis tellement d'années, depuis le jour où j'avais embrassé sa maman, toute jeune fille – embrassée mais seulement avec mes yeux –, ce moment où j'avais effleuré sa main. Ce moment que j'ai gardé en moi depuis, une douceur qui se promène avec moi encore, là.

Je suis tranquille avec mes secrets grâce à mes livres.

Taper dans une vie privée c'est difficile, je pense que ceux qui écrivent la vie l'écrivent parce qu'ils ont quelque chose à cacher aussi, ils écrivent la vie des autres parce qu'ils ne peuvent tout dire de leur vie. Moi je n'aimerais pas écrire les mémoires de quelqu'un même si j'aime les lire. Les gens qui n'ont pas eu de bouquins de leur vie ont le droit quand même à un petit bout dans le journal. Avec leur nécrologie. L'annonce de la mort dans les journaux, c'est l'annonce que tu as eu une vie, quand tu n'as pas eu de livre à toi. Sur la mienne on pourra ajouter si tu veux bien :

« Paul aimait son tracteur Pony, il lui tournait la clé et il l'aidait, il n'était pas lourd et il se maniait bien, la terre restait souple même après son passage. Sa vie a été du temps à lui, au rythme des animaux et de son métier. Sa vie aura passé comme celle d'un chien, que l'on oublie, enterré au fond du jardin, il a vécu heureux en lui, il meurt pareillement accompli. Toute une vie de chien et tout à coup il est devenu un peu un monsieur. Comme s'il n'avait rien fait avant son film documentaire, alors qu'il était bien vivant à ce moment-là. Ce n'est pas parce qu'il y a un film sur lui qu'il a existé ou commencé à exister en 2006, dans sa solitude. C'est seulement parce qu'il a aimé le silence et sa liberté qu'il y a en lui qu'il est vivant, dans sa mort que l'on vous annonce aujourd'hui. »

Tu me demandes si cela m'a pris du temps d'écrire cela et te le confier ? Bon sang, bien sûr que oui, mais je ne compte plus maintenant, j'ai tout le temps devant moi, bien plus qu'avant, ça se rapproche.

Des gens d'appartement

J'ai des nouveaux voisins, dans la maison de ma voisine depuis toujours qui est morte, qui était de vingt ans mon aînée. Sa mort m'a marqué, elle me manque car elle avait pour moi de la présence. Un jour je n'ai plus vu sa lumière le soir, d'abord la maison de retraite, puis elle s'est éteinte avec sa lumière, pour de bon un dimanche matin. La maison vendue, je ne regarde plus ses fenêtres. Quelqu'un que je ne connais pas ferme les volets, ses volets. Maintenant il y en a qui sont là, dans sa maison, celle que je regardais et que je ne regarde plus. Je ne sais pas ce que c'est que ces gens, ce sont des Parisiens. Je ne les ai jamais vus. Ils viennent un peu le samedi car ils garent leur voiture. Des Parisiens peut-être pas de Paris.

Les gens de dehors, ce ne sont pas des yeux pour regarder, ils n'ont pas des yeux pour voir ce pays comme je le vois, ni pour les vivants qui y habitent, ni pour les morts qui y ont habité. Nous avons pourtant les mêmes choses devant les yeux, eux et moi. On ne voit pas les gens venus d'ailleurs, on voit leurs voitures, on sait ainsi qu'ils sont là. Encore une question de voir : ça m'aura beaucoup occupé cette histoire de voir, d'entrevoir, de mal voir et trop voir.

C'était voulu d'avance, les gens ne vivent plus ensemble.

Dans la vie tu as parfois des yeux qui disparaissent. Ces gens ne vivent pas sur notre terre, ils ne viennent pas se présenter, ni dire bonjour, je ne vais pas courir après, ce serait impoli, ils penseraient de moi : quel impoli, ce curieux. Je n'ose pas. On m'a dit que c'est un couple, un homme et une femme. Je ne sais pas non plus s'ils sont vieux ou pas.

Si je reviens à la vie moderne, on nous retire beaucoup avec elle. On a gagné un peu et on nous reprend, comme le bonheur d'avoir des voisins, même cela on nous le retire. Avant c'était une joie de voir arriver de nouvelles têtes. Je me dis maintenant : c'est impossible de ne pas voir la personne de toujours dans le jardin à côté. Et pourtant je ne vois plus ma voisine que je voyais depuis toujours mais encore en plus je ne vois pas ceux qui l'ont remplacée. Tu te rends compte ? Il n'y a pas de lien entre eux et le mot voisin. Je ne comprends pas comment on peut vivre dans un village sans dire bonjour, ils vivent comme en appartement. Ce que c'est qu'un appartement pour moi ? Un lieu, un endroit où la mer ne prend pas, ni la terre d'ailleurs, un lieu sans marée. Je dois avoir le corps trop croche, des traces de la terre sur le corps. Les mains se font au boulot évidemment, les mains d'un bureaucrate sont fines et transparentes. Le corps au boulot, tout le corps travaille, un outil, et il devient crochu. Mon corps ressemble à la terre, courbé à cause du vent, et je regarde la terre. Je ne ressemble pas à mes voisins très certainement.

Tous les gens de dehors sont droits comme des crayons, leur outil à eux. Le corps ressemble à leur outil. Pour moi c'est pareil, il n'y a pas de raison. C'est peut-être pour cela qu'ils ne sont pas venus se présenter, je ne suis pas comme eux.

Tu diras que Paul est nostalgique – j'ai bien compris que ce n'est pas positif d'être nostalgique. Oui je suis nostalgique, y a de quoi quand même, non ? Je suis d'une terre de cailloux, il y en a autant que de brins d'herbe, j'ai cueilli autant d'herbe que de pierres pour mes murets.

Tout pousse vers le haut, comme les immeubles. Tu mets les gens dedans, tu les tasses les uns sur les autres, tu penses gagner de la place, alors qu'il faut le double de place de routes, d'accès, de liaisons avec le monde, de place pour travailler car tu n'habites plus là où tu vis. Le double, le triple, pourtant chacun a le droit à sa terre.

Gagner, c'est quoi gagner ? Gagner en sachant perdre a du sens, mais attention, on ne doit pas se perdre. Je me moque de moi. Tu as fait ta part à la fin des marées, voilà ce que c'est que gagner.

Les conséquences de la vie moderne, tant que ça va tant que c'est pire. Ça ne s'arrête pas, on ne peut arrêter le progrès, on a un petit retour en arrière, une prise de conscience, que moi j'ai toujours eue : je n'ai jamais couru après le pognon, l'argent perd le monde.

Celui qui écrit entre par contrebande dans la vie de l'autre, c'est mieux je te l'ai déjà dit pourquoi, la fraude ça donne des aventures. Tu m'aides à écrire le bonhomme que je suis, tu rentres donc un peu en contrebande dans ma vie. Toi la biographe et donc ceux qui te lisent cherchent à savoir ce que l'autre, moi le cornichon qui raconte par exemple, fabrique, ce que en lui il pense. Mais pas pour me prendre tout de ma vie, comme un bon braconnier. Toi, tu cherches à savoir ce que je suis de fond non pas pour m'imiter mais plutôt pour me rendre compte sur quel chemin je marche. Je crois que c'est cela ton boulot, tu veux comprendre pourquoi mes pas sont de traviole et pourtant marchent souvent bien droit où ils vont. Mon chemin part de la vie commençante jusqu'à un mot, qui n'est pas le mot fin. Le chemin du passage comme un chemin tortueux vraiment, et je dois y chercher, le plus possible, au bout du chemin, la récompense ! Comme un chemin de nos falaises : on ne voit pas sa trace, j'y avance en espérant ne pas y rencontrer trop de mauvaises surprises, entre les chutes possibles, un pied qui ripe – ça va vite – et les virages.

Les choses sont à nous sur un petit territoire, le souci c'est de vouloir plus, mais l'Europe veut tout nous piquer, alors même qu'ils ne savent pas que nous existons, ils veulent nous prendre quand même.

Une partie de ma vie sans être triste c'est une étape, une joie que j'ai laissée tomber. Je la regarde, cette mer qui m'accompagne toujours, mais d'une autre façon, je ne regarde plus la marée. Je ne la pense plus, je l'ai laissée à d'autres. Ça correspond au moment où je suis devenu vieux, et de ça tu n'en as jamais fini. Je n'y pensais pas car j'étais très occupé, maintenant je pense tout le temps à mon dernier jour, il me prend la journée. Avant c'était la marée qui me prenait ma journée, je vivais pour elle, avec elle, pour dégager du temps pour elle.

Mon dernier jour m'occupe un sacré bout de temps et ça t'occupe aussi avec tes questions sur la mort en cours de vie. Les gens sont vivants, trop vivants et la terre devient morte, alors même que nous sommes liés, la terre ne va pas emmener les hommes avec elle, mais le contraire est malheureusement possible.

Le fond de ma pensée tu la veux, alors je vais te dire, parce que j'aime bien quand on se parle : vivre c'est croire à la vie et à la mort.

Le bonheur, un petit peu de poulailler

La liberté c'est être son propre patron, par contre la nature commande, je travaille mais je ne commande pas, par exemple cette année 2016 j'ai planté mes patates mais le sol est trop mouillé. Le temps n'est pas à mon idée, mouillée, la terre ne chauffe pas, elles ne seront pas grosses. Le temps est venu de les faire même si la nature me dit le contraire. Nous sommes le 18 février, je retrouve dans mes carnets ma mémoire. Je dois écrire ce que je sème sinon je n'y pense plus, j'ai besoin des mots, car si je perds la boule tout est dans le film et dans mes bouquins. La mémoire, on ne peut pas te l'enlever de tes souvenirs. Je m'écris dans mes carnets avec mes légumes, du coup je sais où je suis !

Je vais essayer de regarder mes patates pas avant un mois, je suis impatient, parfois je vais y voir un peu avant. Je saurai si elles prennent suivant la pousse, au pied je gratterai la terre pour savoir si elles arrivent. Si elles ont du retard, elles grossissent moins. Tu as le bonheur si elles viennent convenablement, elles viennent toujours à un moment ou un autre mais parfois elles viennent mieux et le mieux me donne de la joie. Pour qu'elles soient belles, je ne mets rien à part un peu de poulailler. Mettre du fumier ça ne me plaît pas bien, car au moment de les défouir il en restera, il ne sera pas désagrégé, et elle en prend le goût – tu me diras cela n'a pas d'importance, pourtant on ne mange pas de fumier, voyons !

Je préfère racler ma crotte de poules, pas avec de la paille, la crotte se dissout dans la terre, tu n'en vois plus rien, elle se présente à toi un peu grimelue[1], mais à peine. Tandis que le fumier il met du temps à se dissoudre. Rien de fibreux, mélangé à la terre, gris, sur une couche un peu épaisse, il ne sent rien, je la ramasse avec une bêche, et je l'ai mis dans mon jardin, ça vide le poulailler qui est couvert. Dans le juquieux, où dorment les volailles, je ne sais pas combien j'en ai en fonction du dimanche où je les mange. Actuellement elles ne pondent pas bien, trop humide, trop froid, elles sont en grève.

Pire cette année. Pas de saison, les saisons sont embrouillées avec des vents du sud-ouest trop froids, avant ces vents apportaient la chaleur mais là ils sont frais et humides. Les vents sont détraqués. La nature pense comme cela, la nature a déboulonné ainsi dans le vieux temps. Mes vieux me parlaient de ce genre de dérèglement, j'ai tout noté et je m'en souviens par eux, depuis plus d'un siècle, la mémoire je l'ai. Plus que le réchauffement climatique, la nature s'empoisonne avec les engrais et les pesticides. Les petits malheurs, le poison.

Pour que cela s'arrête, et faire machine arrière, ce n'est pas

1. Légèrement gravillonneuse.

simple. Avec tout ça on tue la terre, elle ne vit plus. On doit aller de l'avant comme avant, pas en arrière mais oublier le présent, et déjà nous pourrions nous en sortir.

– On ne peut plus nourrir le monde avec tes idées, Paul, on me dit.

Il y a des manifestations agricoles, les petits gars et filles auraient dû continuer à travailler comme j'ai fait pour la taille de ma ferme, ils courent après le temps, avec les gros monstres de tracteurs pour payer ils doivent travailler plus alors même qu'ils pensent travailler moins. Les agriculteurs ne s'occupent plus des vaches entassées les unes sur les autres. Même les fermes bio les vaches ne sont pas dans les champs, elles sont en stabulation. Du bio acheté pour que la nourriture soit tracée ! Un jour j'ai dit que la culture naturelle ce n'est pas la bio, la bio c'est une culture de pognon.

Le fric d'aujourd'hui n'est pas naturel. Faut aller de l'avant comme avant. C'est quoi le fric, le pognon, c'est de la fumée sans le bon bois. Je n'aurais pas voulu en avoir beaucoup, en avoir assez me suffit. Ça ne m'intéresse pas du tout. La richesse, c'est ceux qui se croient les plus riches, ils sont les plus pauvres. Se croire riche, et devenir les plus tristes.

J'accepte d'être vieux. Je me laisse porter par la nature. Je bricole dans le jardin, je ne travaille plus, je m'amuse.

Je vois que j'empire.

Donc vraiment à ta question :

– Raconte-moi le bonheur, Paul, les mots du bonheur.

Je te réponds, sans hésiter :

– Le bonheur c'est un petit peu de poulailler !

J'ai du mal à m'expliquer, ce qui m'est arrivé c'était juste un film, des livres, un petit morceau, une miette de ce que j'ai vécu. Ils racontent, long comme un coup de vent dans des volets, l'histoire d'un homme, un paysan, qui ne sait rien de ce que savent les gens bien.

Les mémoires de la veille

En regardant les étoiles, émerveillé par elles, vraiment égalué[1] par elles, j'ai pensé partir parfois. Voir le monde avec mon bâton comme seule compagnie. Mais à l'époque, à l'époque de ma jeunesse, je ne pensais pas vivre jusqu'à les quatre-vingts. Je pensais plutôt : ceux qui partent n'auront pas le temps de revenir ! Quel bêta ! Et personne à cette époque ne m'aurait affirmé le contraire, ici on marche de barrière en barrière, pas plus loin. On ne voyageait pas, le loin ne voulait rien dire. Nous avions tout, les falaises, le vent, le ciel qui mord parfois et qui casse, la terre dure et pourtant fertile. La maladie, la vieillesse rend petit en apparence, c'est cela dont on parle quand on parle de dignité, mais quand tu es vieux tu as beaucoup d'accumulé en tant qu'homme, donc tu es très loin d'un enfant.

Un enfant ne voyage pas. Mais un adulte, c'est en lui un homme plein d'aventures ! Par contre je me demande souvent : comment donner envie des pierres, de la terre et de l'air aux enfants ? Je suis heureux en moi, mais je me demande

1. Ébloui.

s'ils le sont eux, en eux actuellement. J'ai pris mon bâton en quelque sorte, si tu vas par là, j'ai écrit avec toi, j'ai témoigné pour un documentaire, j'ai essayé de faire passer un message, avec mes mots :

– La nature, je ne la commande pas, je la sème et j'attends ! C'est cela une existence d'un homme qui a eu son certificat d'âne, non pas d'études.

– Donc, Paul, est-ce un voyage d'écrire et de témoigner ?

Encore une de tes questions qui me fait mal à la caboche, tu ne vas pas me laisser tranquille ! Non, sérieux, je te réponds :

– Oui et non, parce que le voyage c'est la vie et rien d'autre, c'est apprendre sagement à devenir vieux, ne pas souffrir quand la vieillesse te raboule dessus, au départ sans te le dire vraiment et ensuite, là comme pour moi en 2016, avec plein de petits ennuis qui m'ennuient.

Je suis heureux, vois-tu. Heureux veut dire que je ne sais rien. Je ne sais pas ce que le mot heureux veut dire, je ne sais rien de la vie. Le mot heureux m'oblige à chercher plus de vie dans les pierres, l'air et les plantes qui m'entourent.

Question santé, même si c'est difficile de mettre du gras sur mes os à mon âge, je prends des cachets pour mon cœur. Devenir jeune ? C'est une promesse à laquelle il faut bien croire. Ensuite je traîne et j'écris les mémoires de la veille sur mon cahier. J'écris mon hier tout pareillement que je lis le journal le lendemain de sa parution. Mes mémoires de la veille sont un temps important pour moi, j'y prends goût, plus depuis dix ans, d'ailleurs. Bon, là si tu lis ce que j'ai marqué, ce 29 décembre 2015, on part dans la ferraille pour la barrière du jardin : « Cherché à Beaumont résultats analyses, retour trois heures trente, ensuite Catherine est venue pour questions. Repartie vers six heures à peu près, à la louche, reviendra demain pour continuer (fatigant pour moi sans instruction). Vent d'aval fort sud-ouest froid, eau zéro, il n'a pas plu, ou juste un peu quelques gouttes. » Les parenthèses sont importantes. Je te mélange avec le vent, tu as vu ? Bon c'est ton vent aussi, t'es d'ici, mais je crois bien que tu deviens bretonne depuis quelque temps, non ? Pornic où tu habites c'est la Bretagne, en tout cas c'est loin d'ici.

Je te taquine.

Tu as raison, les falaises de la Hague ça t'accroche au corps, tu les emmènes partout avec toi. Tu vois, voyager ne m'aurait servi à rien, j'aurais eu tout le pays, toute la presqu'île à trimballer avec moi sur le dos, j'ai assez porté mon foin comme ça, j'ai assez fait le bourricot pour m'en ajouter.

Mes questions à moi sont sur la vie, le grand champ à moissonner. Tes questions à toi sont sur ce que j'écris et pourquoi j'écris, à nous deux on fait la paire.

– Paul, comment sait-on qu'un champ est vieux ?

Il ne doit pas vieillir, seulement à l'heure actuelle il risque de ne pas pouvoir continuer à se régénérer. Le champ on le tire de trop, viendra un jour où on le poussera jusqu'au bout. À pousser, veux-tu, veux-tu pas ! Viendra un jour où la terre ne poussera plus. Un champ se rajeunit tout le temps, un champ ne doit pas vieillir. Là je ne vois pas, si ça continue, comment la vie microbienne reviendra, il faut trop d'années et moi je ne serai plus là. J'aurai prévenu, je ne peux rien faire d'autre, j'ai ma conscience. Les bouts de verre retrouvés dans le jardin montrent la mémoire de la terre, elle ne se souviendra pas de Paul, de moi, mais se souviendra qu'on lui tire de l'humain en elle, qu'on ne la croit pas vivante, j'entends par là. Je parle de la terre en général, pas que de la mienne, parce que la mienne n'est pas polluée encore.

Vieillir c'est la vie ! Je pense parfois à avoir vingt ans aujourd'hui, j'aurais travaillé comme tout le temps, le remembrement, là je pourrais avoir l'énergie pour me battre contre lui, ça me tracasse de n'avoir rien trop dit à ce moment-là, parce que moi on ne pouvait pas m'obliger à couper mes haies, ni détruire mes murs, vu la configuration bocagère d'ici tu ne pouvais pas m'imposer des grands champs d'un coup, pour que le paysage devienne tout plat. Alors je n'ai trop rien dit, j'étais comme pas trop concerné, je ne pensais pas que ceux qui l'étaient allaient se laisser embobiner. Ici y a des côtis, ce sont des collines de landes, d'ajoncs, de bruyères, il y a des rivières, il y a les cailloux dans les champs et nos murets, nos murailles ! J'ai pensé à l'époque : les autres, les paysans, ils n'obéiront pas ! Nous, le remembrement, ils ne pourront pas nous l'imposer. Plus loin à quelques kilomètres, des haies ils en ont pourtant coupé, même si actuellement elles repoussent un peu nos pauvres haies, que l'on a remplacées par du barbelé, comme dans les camps de prisonniers – maudit barbelé, il n'aurait pas dû être inventé ! C'est devenu dénudé et moche chez eux, et ensuite tout le monde a bien compris que pour contrer le vent d'océan d'une presqu'île, les haies ça peut être un petit peu utile. Mais aussi les racines retiennent l'eau qui s'arrête à la haie plutôt que noyer les cultures. Mais en attendant quand elles ont été détruites c'est à coups de subventions qu'on a réglé les dégâts pour les replanter. Y a trop de fric.

Ensuite nous avons les vaches qui sont devenues folles, en

même temps que les ministres agricoles, et leurs adjoints qui poussent vraiment comme les mauvaises plantes, et à eux on ne met pas de pesticides dessus. Les vaches folles ça n'existe pas, même si parfois il y en a eu chez moi qui étaient un peu fantaisie. Non, les vaches folles n'existent pas et les humains sont fous. Je serais encore en activité, les clos resteraient tels qu'ils sont encore avec plus de résistance, mais je ne peux plus m'en occuper et leur rafistoler leurs carcasses en pierres d'ici. Comme tous les vieux je suis impuissant d'être vieux et du coup les plus jeunes en profitent pour ne pas continuer, pour ne pas poursuivre.

Ce que l'on fabrique jeune a une incidence sur le vieux que l'on devient. J'ai appris tout seul. On ne m'a jamais montré à travailler la terre, j'ai juste regardé, et je n'étais pas doué du tout, le père râlait, j'acceptais que rien ne soit bien. Un jour, catastrophe – le père n'était jamais content après moi, je ne lui en veux pas, bien loin de là –, un jour je me suis rebiffé, j'ai continué la journée à charger, quand je suis parti chercher les vaches j'ai pleuré comme j'ai jamais pleuré car j'ai senti que je lui avais fait mal de lui dire qu'il me blessait, trop de fatigue, trop de pas comme il faut, du mot imbécile et j'ai prévenu :

– J'en ai marre, encore un mot et je fiche le camp !

Il s'est tu. Pas longtemps, quelques jours, mais suffisamment pour que je reprenne un peu confiance et je suis resté. Tu vois, j'ai encore des secrets envers toi, comme celui-ci.

Mon mode de vie que j'ai eu, si tu veux cela apporte aux gens qui me visitent quelque chose qui les remue au fond d'eux-mêmes et cela me remue au fond de moi-même. Secrètement en eux certains ont pris modèle et je ne peux le révéler, ils m'ont choqué eux-mêmes que je sois comme un modèle pour eux, ça m'a touché, oui, oui, de l'émotion si tu veux. Je ne me croyais pas porteur d'un message, tu vas me dire que je vais trop loin.

Quand au moment du film et les bouquins j'ai livré ma pauvre vie de labeur et d'ouvrage, je n'ai pas pensé que j'étais un homme qui parle.

On dit que je suis un tendre grand-père et je ne serai jamais grand-père, et pourtant j'ai plein d'enfants qui viennent m'embrasser, ils n'ont pas peur du vieux bonhomme ! Pas peur du tout et je suis pourtant un étranger pour eux. On me demande souvent :

– Paul, qui vous tient par exemple, qui vous permet de tenir, au vent et à la campagne, et aux moqueries que l'on vous disait être un arriéré, un plouc ?

Je réponds :

– Celui qui nous attend tous un jour, je ne dis pas son nom. Il nous attend tous les uns comme les autres.

Ce genre de réponse, crois-moi, apporte le calme plat et le silence. Preuve que les gens s'interrogent sur ce qui est une présence invisible. Je suis juste un serviteur. Voilà, maintenant je sais que je suis quelqu'un de vraiment humain. Mes visiteurs ont enrichi ma vie, comme mon travail, ils ont grandi ma vie. Agrandi ma vie.

J'aurais été une crapule, remarque, j'aurais marqué les gens tout pareil. Comme les terroristes : on parle beaucoup d'eux. Je me demande s'ils se rendent compte du mal qu'ils peuvent faire, car on peut se rendre compte du bien que l'on fait quand les gens te remercient et te sourient. Mais le mal, comment c'est en eux ? Le mal qu'ils font aux autres et à eux ! Et bien plus haut, bien plus haut !

Bon sang, je me demande comment on en arrive là. Je n'arrête pas de ruminer sur ce sujet.

Avec toi je suis allé jusqu'au Bec-Hellouin, à l'abbaye, les moines m'ont pris par la main, m'ont accueilli, ils m'ont dit en silence : je suis là. Ils m'ont invité à leur table et j'ai partagé leur nourriture. Le plus beau moment de ma vie, je te l'ai déjà confié. Cette journée m'a remis de l'humain à mes questions. Tout le monde peut aller les voir, d'ailleurs. Surtout ceux qui doutent.

Les gens viennent à moi. Pour parler avec moi un long moment. J'ai une vérité et parfois les gens n'ont plus de vérité, je suis inquiet, car je pensais que tout le monde avait ce que j'ai et ils n'ont plus ce que j'ai, alors les gens viennent se raccrocher à moi.

Toutefois, finalement, je suis inquiet pour eux. Ils viennent voir si j'existe et moi, comment t'expliquer, je sais que les gens existent ! Je l'ai toujours su !

Rien n'est inventé dans ma vie. Ils viennent voir la réalité parce que le monde vois-tu n'est plus toujours réel. Comme les gens qui tuent, ils ne sont plus réels, ils la dépassent. Tout est faux, et les gens sont dans des vies fausses. Je suis dans ma vie. Et je veux que les gens soient dans leur vie pareil, c'est pour cela que je leur ouvre la porte. C'est impensable. Au fond je suis content et ça n'a rien changé à ma vie, mes fleurs sont au même endroit, mes graines de mes aïeux patientent dans mon grenier que je les ressorte, rien ne bouge, pas même mon tracteur, tout reste ici.

Le Raz Blanchard et devant moi ce vivant dans l'océan,

ils peuvent l'entendre, je ne raconte pas des choses qui ne se partagent pas. Ils comprennent. Le tout simple existe vraiment. Mais les grands de ce monde sont partis dans la vie à eux, et ne se rendent plus compte du petit, petit qui bosse au départ.

Le Premier ministre un jour m'a écouté, François Fillon[1], il ne doit pas se souvenir ce monsieur à qui un paysan avec sa casquette du dimanche lui parlait. Mais sur le coup j'ai vu qu'il écoutait. C'est quoi un monsieur après tout ? C'est quelqu'un qui ne pourrait pas se nourrir tout seul en cas de guerre.

Les gens instruits, avant je baissais les yeux devant eux. Je voulais être transparent, mais le film m'a sorti de là et les livres aussi, comme Jacques Prévert, mon voisin, qui essayait de venir me parler autrefois quand il venait acheter mon beurre, souvent j'y pense. Lui ne s'est jamais assis à ma table, je voudrais remettre tout ça à la place qu'elle doit être. L'inviter lui à boire le café, avec le petit peu de confiance que j'ai d'être humain maintenant, dans une vie naturelle, comme celle qu'il recherchait certainement en venant habiter ici. Mal rasé, en se fagotant comme un mendiant, en cherchant la simplicité.

On est dans un monde qui écrase l'autre :

– Tire-toi de là que je passe avant toi, avant tout le monde.

Et le type qui pousse, pousse, se retrouve et retrouvera toujours seul, devant rien.

Il me manque à moi beaucoup de choses, mais je ne peux pas prendre ce qui ne m'appartient pas, au fur et à mesure

1. Paul est allé à la garden-party du 14 Juillet à Paris en 2007.

tu vois ce qui te manque. La vie avance et tu vois qu'il te manque la réflexion, je suis bête et je me rends compte que je le suis, et il y a des gens qui ne se rendent pas compte qu'ils sont bêtes et je ne le dirai pas aux gens. Je ne peux pas dire :

– J'ai ci, j'ai ça.

Il me manque beaucoup de choses que je ne connais pas et au fur et à mesure je vois ce qui me manque. La vie s'avance. Tu laisses venir, tu ne te dis pas : je veux ça ! Tu te dis : faut réfléchir pour avoir. La réflexion est plus importante que ce qui s'achète, c'est bien plus utile en cas de malheur.

Je suis vivant par ce que je sème. La nature est en vie et elle veut bien encore un peu du vieux bonhomme pour elle. J'ai de la chance.

Je suis juste un pauvre type les genoux à terre qui n'aime rien de plus que gratter la terre pour voir ses légumes pousser.

Les jeunes agriculteurs aujourd'hui n'ont pas le temps d'observer la nature telle pleine lune, ils n'ont pas le temps, ce n'est pas leur faute, ils calculent avec leurs machines. Ils achètent les calculateurs, moi j'ai calculé avec le temps et mauvais temps. La machine remplace l'homme, dans sa pensée, c'est douloureux. Ils n'ont que la mécanique en tête. Que raconteront-ils plus tard quand ils seront vieux ? La terre nous demande du temps, la météo te commande de faire, avec le mauvais temps, ou beau temps. Aujourd'hui beau temps ou pas, la mécanique, le chimique dominent la terre ; en apparence.

L'homme qui réfléchit ne coûte rien. L'homme qui ne pense plus, laisse la machine penser à sa place, coûtera cher.

Ce n'est plus le même travail, tu es coupé de la nature, terre mouillée ou non, la terre te parle, c'est bien simple, elle a un langage. Je suis l'homme et elle m'est liée, comme le chat ou le homard avec moi. On le sait tous, mais les monstres, les gros tracteurs, creusent bien trop loin, trop profond, enterre la terre. Après les passages des engins elle ne respire plus car les pneus géants la dament, les grosses roues la serrent de trop, ça pousse quand même mais avec du pousse-au-cul. Le passage des engins te fout la brouille très profond dans le sol.

Le naturel devient difficile.

Tu m'as demandé de lister les mots de ma vie. Un petit peu tout. La fraternité. Aimer les autres si tu veux à travers la fraternité. Je voudrais que tout le monde soit heureux dans sa vie, pour que nous ne soyons pas des bagarreurs. Tu sais par exemple si quelqu'un ne t'aime pas, pour moi je l'aime. Tu vas me dire que je suis drôle, mais je suis juste humain, pour que le monde tourne mieux, sans haine. Je garde ma colère pour moi, j'encaisse. Je suis moins préoccupé sans haine de l'autre. Sans rancune tu perds moins de temps.

On vit plus en paix ainsi, je pense maintenant moi à après la vie. J'ai organisé un peu ma vie pour après la vie.

Je me lève quand le soleil commence à m'éclairer, il vient jusqu'à mon lit. À l'heure inventée ce matin d'avril c'est vers huit heures trente qu'il s'est pointé. Souvent à six heures, six heures dix, mes yeux s'ouvrent par habitude, je pense alors que la retraite est là et qu'aucune vache ne m'attend, je roupille donc encore un peu.

Par contre quand je me levais pour la mer, pour la pêche autrefois, la nuit, l'heure de la marée même si je dormais me réveillait. Je la sentais en moi, j'y pense souvent encore, j'entendais le Raz Blanchard bruiter d'une certaine façon d'un son que je reconnais encore, mais qui ne m'est plus utile pour la pêche puisque je n'y vais plus. J'espère que d'autres personnes le ressentent eux aussi, ce son clair, naturel, qui vient te parler et t'accompagne, il te murmure :

– Viens, c'est l'heure.

Dans le temps, quand j'étais jeune, à quatre heures, la pleine forme me jetait hors de mon lit. Je bricolais avant la traite dans mon atelier durant un temps de tranquillité vraiment intéressant pour moi. Je retrouvais les odeurs du bois que je travaillais, celui également de l'osier pour mes paniers – à l'aube tout sent plus fort, pas meilleur, non, je ne crois pas, mais plus fort.

Bientôt, une nouvelle aube pour moi.

Cette aube m'appelle :

– Laisse tes mémoires de la veille, Paul, viens, c'est l'heure du lendemain.

Je tends la main, pas les deux !

Guérir de la vie

Tu me demandes de te parler du bonheur, ce que ce mot signifie pour moi ? Le bonheur, pour Paul, un pauvre type, un vieux machin, qui n'a pas eu son certificat d'études ? Vraiment ? Ta question me semble difficile. Je ne vais pas savoir y répondre, comme tu le voudrais j'entends. Pour moi, vois-tu, le bonheur est intouchable, on ne peut ni le voir, ni le toucher, ni le sentir, ni l'entendre, ni le goûter, et pourtant, quand tu possèdes encore tout ça, tu te dis le matin au réveil : tiens tiens, tu es encore en vie, Paul, va falloir te lever. Mais avant je pense un peu à l'avance ma journée. Je regarde par ma fenêtre, dont je ne ferme pas les volets car la lumière de la nuit est aussi importante pour mon sommeil et mon matin que la lumière du jour pour ma nuit.

À la vérité, le bonheur on ne peut pas l'attraper, le garder pour soi, il passe comme la vie d'un coup d'aile, il change de direction.

J'ai écrit ma vie, c'est vrai, écrire mais pas vraiment, car c'est toi qui écris, même si j'écris moi aussi sur mes carnets et cahiers. Écrire à la machine ce n'est pas pareil qu'écrire avec la main au crayon. Le crayon demande de la concentration, ça te remue le cerveau pour trouver les bons mots et la bonne orthographe. La machine réfléchit pour toi, ce sont des mots mais des mots morts. Comme une pendule à piles par rapport à une pendule ou une horloge à balancier. Les mots qui ne sont pas tracés au stylo sont des mots, seulement ils ne viennent pas de toi, la machine les trace. Ils ne s'effacent pas et tu peux les archiver. Les carnets sont vivants, car comme toi ils peuvent disparaître, tu comprends ? C'est la vie.

À la machine, les mots vivent morts, par les livres, mais vivent quand même dans la mémoire des gens qui les lisent. En vrai, les pensées ne s'écrivent pas, elles n'ont une vie seulement quand on fabrique ce que l'on pense. C'est pour cela aussi que bientôt on m'aura oublié. J'ai vécu, j'ai fabriqué et je vais mourir sans trace ou alors, sur ma tombe, il y aura mon nom et prénom sur une petite croix de bois de récupération, peinte en blanc cette croix simple, qu'il suffira de piquer à même la terre pour que l'on sache où je suis enterré. C'est vrai, tu as enregistré ma voix, ça reste la voix. Mais la voix ne fabrique pas grand-chose, elle passe comme le vent, c'est du souffle si je puis dire.

La page d'un cahier, celui que j'écris tous les soirs, ou les pages d'un livre, c'est comme un champ ! Oui ça d'accord, un petit clos d'un paysan au naturel, qui n'a rien ajouté à sa vie. Un petit espace pour planter quelque chose en espérant récolter un peu et semer à la volée ! Surtout pas droit, pas n'importe comment quand même mais pas droit complètement.

Le stylo, le papier, ça s'efface à un moment comme les photos et ça, ça veut dire que ça vit, parce que ça peut disparaître. Cela peut disparaître parce qu'après toi tes descendants brûleront peut-être tes gribouilles, tes carnets de pensées et tes cahiers de vie et tu n'en sauras rien, ou parce que dans ton grenier à un moment l'humidité viendra bouffer les pages que tu auras mis une vie à écrire. Bouffer tes souvenirs et ta mémoire.

Ce qui vient te bouffer toi par contre c'est autre chose. Ce n'est pas la pluie ou l'humidité même si ici dans la Hague nous avons notre lot. Non, ce qui vient te bouffer, c'est la vie comme elle vient, comme on la transforme autour de toi et trop vite, bien trop vite, que le temps même s'en trouve déréglé. On ne peut plus suivre, il faut ralentir et vite !

Un clos bien abrité, comme j'ai et j'ai eu, ça peut mourir, tout pareillement, si ceux ou celles qui viennent après toi le cultiver ne réparent pas les murets qui le délimitent, n'entretiennent pas les haies qui permettent aux bêtes de se mettre à l'abri et les fossés. Si ceux qui viennent après toi dans tes champs se mettent à les empoisonner avec des engrais, à couper les arbrisseaux, alors ils te tuent ta mémoire et ils se tuent eux-mêmes.

Les cahiers tu ne peux pas les recommencer s'ils disparaissent, mais la nature elle pourra toujours réparer les bêtises des humains. Raconter sa vie sur des cahiers, on peut dire, c'est comme la vie en définitive, ça reste un peu et ça disparaît. Si j'aime bien raconter, pour partager, j'ai bien conscience que les mots sont comme les graines, tu les sèmes à la volée, tu ne sais jamais le résultat ensuite. Les lignes écrites à la main sont comme les sillons dans un champ. Tu les vois au fur et à mesure se transformer. En vieillissant, ton écriture commence à descendre vers le bas des pages, la ligne est plus souple, moins bornée comme le bonhomme. La mienne ne tremblote pas encore et pourtant ça va arriver qu'elle va se mettre à trembloter. Quand l'énergie ne sera plus là, quand je serai un vieillard complètement, alors je n'aurai plus mal aux dents !

Par contre un clos, si tu le gardes à la manière de tes ancêtres, avec leurs graines à eux et avec du fumier, du varech, il est à toi pour toujours. C'est bien cette idée, non ? Même après un incendie il devient plus fort. Un livre, un cahier ce n'est pas tout à fait pareil, ce n'est pas aussi éternel qu'un champ.

J'aime bien dans un champ quand ça pousse droit, mais sans avoir tracé de lignes. Dans mes sillons sans traçage au cordeau, il y a plus à voir ensuite, ça donne à réfléchir quand les plantations sont un peu libres, les graines échappées ou les plants donnent à la récolte souvent plus, en définitive, que les plants bien alignés et moi j'aime bien les surprises. Tu te dis en regardant dans mon jardin : Paul n'a pas bien rangé ses patates ou ses poireaux cette année, il devient vieux ! Mais à ma manière, j'ai rangé. Ce qui me rend heureux n'est pas ce qui te rend heureux ou heureuse, ça ne s'achète pas, ce n'est pas beau à regarder pour toi, mais pour moi.

Tu te dis en regardant les murets de mes champs : ça ne va pas, le mur de Paul est tordu, les pierres sont mises n'importe comment les unes sur les autres et sans ciment. Pourtant c'est comme cela qu'il tient et même qu'il chante ton boulot, grâce aux trous dedans, les jours de grand vent évidemment, ou bien la nuit souvent, avec la brise, il te murmure.

Tu penses en me voyant tout bringuebalant au loin : Paul, quand on le regarde marcher, il est tout crochu, vraiment tordu. Pourtant c'est aussi comme cela que je tiens, je ne chante pas, c'est vrai, mais les jours de grand vent je pense plus. Je me plais bien d'avoir pris le sens du vent et qu'il se voie sur mon corps.

Une dernière fois, je veux bien me raconter. Je veux bien car actuellement on me reprend ce que j'ai eu à un moment et qui ne m'appartient pas. De cela, de la vieillesse, alors oui, je veux bien te parler, parce que ce que je n'ai pas encore raconté, c'est la jeunesse ! Ma jeunesse de vieux.

Le bonheur pour moi n'est pas atteignable, on ne peut ni le prendre pour soi ni le partager. Comme la vie, il passe, glisse, s'en va.

Garde-le pour toi le bonheur, je n'en veux rien.

Ce que je vis actuellement c'est du bonheur, parce que les choses en moi s'échappent, de mon corps et de ma mémoire. Je savais que cela arriverait, je l'attendais ce moment qui dure pourtant. Je ne savais pas s'il arriverait d'un coup ou petit à petit. Maintenant, ça décline, donc ce n'est pas brutal. J'écris tout ça et mes mots deviennent plus maigres, plus rares, mon cerveau fonctionne encore mais plus lentement. Je n'ai jamais su manier les mots de toute manière, les mots ça ne se manie pas, ça se vit, ça se bêche, allez ! Oui ça se bêche, tu les retournes et parfois ils donnent quelque chose.

Je m'efface, mais avant de m'effacer complètement, je voudrais une dernière fois que tout recommence et en même temps j'accepte qu'on me prenne, parce que, vois-tu, j'ai tout eu. Il reste tout ce que je ne sais pas encore, ce qui ne se voit pas, ne se touche pas, ne se sent pas, ne s'entend pas. Tu appelles cela l'invisible. L'invisible, ce que j'étais avant, quand je pensais que ma vie n'avait servi à rien, j'y retourne.

D'ailleurs l'invisible, je ne sais pas ce que c'est, j'appelle cela l'infini.

Cette année j'ai quatre-vingt-sept ans, la vie m'apparaît vraiment comme inratable, comme de l'eau dans les mains, personne ne peut la retenir et je suis rassuré, ça m'arrive comme à tous les vivants.

Tu me demandes si écrire la vie, c'est contrer la mort ? Tu te tortures bien la tête pour ton université. Je ne comprends pas le mot contrer. Contrer contre quoi ou qui ? La mort c'est la justice pour tous, je ne suis pas une histoire, comme dans un livre inventé. Je suis un tout de terre, de mer, d'air et de pierres, je suis un homme tout fait de bricoles. Je ne raconte pas ma vie à moi, je raconte la terre comme elle doit être traitée et non maltraitée, après m'avoir lu tu feras comme tu voudras pour elle. Mais je voudrais bien que tu ne fasses pas trop contre elle.

Ça, c'est la vie, pour la terre.

Que l'on croie ou non, ce qu'on lit de moi n'a pas d'importance, puisque je me crois en la vie ! Quand mes visiteurs me quittent, ils retournent chez eux et je reste là, là où je suis né, là où je suis depuis toujours. Je ne vais jamais nulle part et pourtant je m'en vais pour de bon. Bientôt, quand mes forces seront trop atténuées et que je ne pourrai plus ouvrir ma porte pour accueillir ceux qui viennent me parler de leurs vies, j'accrocherai une pancarte à la barrière de ma cour. Je dois d'abord la réparer, j'ai gardé pour cela un bon morceau de bois peint qui devait servir aux Boches, que j'ai récupéré après la guerre dans mes champs. Donc, voilà, je préviens, sur la barrière, dès qu'elle sera réparée, car là elle est seulement dans mon imagination – je gagne quand même un peu de temps –, je vais trouver un morceau de bois de récupération, une belle planche de gravage, et j'inscrirai, pour ne pas que l'on me dérange : « Ni grippé, ni ABSENT, non, mais tout simplement MORT. »

Je ne crains pas le mot.

Le vrai mot de vérité.

Mais pour ne pas faire de peine, quand il sera belle heure de s'en aller pour moi, j'écrirai : PARTI EN VOYAGE.

Maintenant, laisse-moi une dernière fois être oublié, du moment qu'on n'oublie pas la terre.

Laisse-moi être oublié.

Je ne veux rien sauver de moi-même, je ne suis rien, qu'un brin d'herbe parmi d'autres. Et si on ne m'oublie pas complètement, alors que tout recommence, mais pas pour moi, pour vous autres. Et si je ne sais pas vraiment te parler du bonheur, ce que je peux te raconter c'est qu'en définitive, aujourd'hui, comprends bien, d'avoir pris soin de la terre, parfois bien, parfois moins bien, je suis guéri de la vie.

Quelques phrases de Paul

Je crois bien que je suis encore vivant.

Il y en a qui ont de la misère à me comprendre.

Mes mains passent leur temps à se salir.

Le beau temps, c'est quand il pleut bien vert ! Quand il pleut beaucoup et longtemps pour la terre.

La vie est tourmentée aujourd'hui.

Mon poêle à bois, à mon rythme de maintenant, met du temps à se mettre en route.

J'habite, je vis, je vieillis depuis ma naissance, le 15 mars 1930, sur une terre à cailloux.

Ce pays me manie à sa rudesse.

Plus fort que le vent de la Hague, y a pas.

Je ne suis pas mort, mais je deviens vieux peu à peu.

Les maisons de nos ancêtres sont habitées par des gens d'ailleurs, je ne pense pas mal d'eux.

Une plante faible se laisse attaquer.

C'est humain la protection de la nature, c'est humain dans le sens de la vie.

Si tu casses les haies, les protections, tu casses le tout. On ne peut ensuite plus se défendre par manque d'abris.

Les destructions sont arrivées quand même autour de moi, mais pas par moi.

J'ai vécu non pas d'envie mais de besoin.

On nous a disparus, mis de la cendre dessus, comme on en met sur les pucerons pour les éliminer.

Vieux, ton passé devient des miettes.

En mangeant comme les vieux d'ici, même si tu n'es pas du pays, il t'adopte par ce que tu manges de lui.

On m'a connu et surtout les gens se sont reconnus en moi, dans leur manière d'avoir pris soin de la terre.

Je ne pense pas, même si mon cerveau ne s'arrête jamais.

« Paul est bête ! » J'y ai cru et j'y crois encore.

On a plusieurs vies, mais c'est au final la même.

Ma vie c'est pas une histoire, même si je veux bien te la raconter. Mes notes, mes gribouillis ou plutôt mes coups de griffes sont des amers dans mes carnets.

C'est vrai que je veux donner envie d'écrire aux gens qui pensent comme moi que si on n'a pas d'instruction, nos vies ne valent rien.

Ça ne s'apprend vraiment pas dans les écoles ce truc-là ! Ce truc de mourir, de débarquer.

La mort c'est quelque chose dans la vie, ça intéresse les universitaires.

J'ai ausculté durant ma vie les petits rochers, je ne suis pas devenu docteur pour autant.

Comme au sujet de la mort, j'ai bien ma petite idée mais pas vraiment de réponse.

Ce goût de rien du tout, à l'hôpital, tu ne reconnais pas les aliments, incroyable mais vrai.

Quand je me suis mis à écrire autrefois, je ne savais encore rien de rien de moi.

Écrire ma terre.

Ma colère, la plus grande de ma vie, c'est la souffrance des gens.

J'écris parce que je cherche des réponses qui n'en finissent pas de ne pas me répondre.

Une chance que tout cicatrise.

Je me suis lu pour me croire et je ne me crois toujours pas.

Avec mes carnets, j'ai mon passé au fond de mes poches.

Mon carnet, ce nouveau carnet, on en fait vite le tour, et quand je le range le soir, dedans il y a du sable, de la terre, des brins d'herbe, alors je le secoue dehors avant de rentrer.

La trace de moi, ce n'est pas ce que j'écris mais plutôt ce que je ramène dans mes poches avant de rentrer le soir.

Ce n'est pas de la mécanique, un vieux bonhomme dans son jardin ou son atelier.

Tes yeux comme ton corps, tu te déplaces avec eux.

Je suis la machine à traire, avec mes sœurs, le machin à traire si tu préfères !

Il faut être filmé pour se voir et se croire !

Les gens voient et ne regardent pas.

Je ne retrouve plus les champs des autres, je ne sais plus à qui ils appartiennent, cela me désole.

Dans la vie moderne, tu casses, tu ne répares pas. Tu prends la place des vieux !

J'accepte de disparaître mais de voir disparaître mon travail hérité de mes ancêtres, ça, je ne l'accepte pas.

De nombreuses personnes m'écrivent pour me rassurer, je ne suis pas tout seul à vivre ainsi.

La peur de la mort pour moi n'existe pas, non, c'est une rencontre, en tant qu'humain tu as peur, mais en tant qu'autre chose tu ne peux pas avoir peur.

On m'oublie, mais ça, ce n'est pas un évènement.

Je suis fâché avec les dates.

Toi, tu as de la chance, je me souviens de toi !

Parfois c'est mieux de se taire et parfois non.

Le jardin a sa petite immensité, qui n'a rien à voir avec les rochers, car eux sont vivants.

La jeunesse éloignée me taquine.

Je suis un être mystérieux.

Les gens sont vivants, trop vivants, et la terre devient morte.

Un homard et un chat c'est pareil, l'instinct est là, ils se ressemblent.

Je ne travaille plus, je m'amuse.

La vieillesse, je la comprends comme une nature mystérieuse.

La vie est mystérieuse vis-à-vis de moi.

Les vieux savaient travailler à l'instinct.

Pour résumer, j'entends donc moins et je pense de trop.

Les ronces longues signent un hiver rude.

La barrière, les fossés, les murs ça arrête le mal, mais pas le vent !

Avec la vieillesse, je fabrique de la fatigue de cerveau.

Le temps pour un paysan à petits cllos, c'est de la marche à pied.

Je suis en temps de vie à plus qu'à la moitié du vent.

Le savoir venait petit à petit, nos mains étaient plus savantes que nous.

La nuit rien ne dort et tout s'endort, c'est compliqué à raconter.

Je sais que la vie va se servir sur moi, me bouffer donc, alors qu'avant elle se servait de moi.

Postface

Ce n'est pas moi qui le dis mais le premier des sociologues, Pierre Bourdieu, fils d'un métayer béarnais, qui l'affirme : « La paysannerie est une classe objet. »

Elle est victime, dès sa formation, à l'origine de l'histoire, d'un double préjudice. Matériel : le surproduit de son travail est confisqué par les ordres privilégiés, la caste guerrière et celle des prêtres. Symbolique : elle n'a pas accès à la culture lettrée, à l'écriture qui marque, justement, la naissance de l'histoire. Elle est réduite à la tradition orale, qui est imprécise, évanescente. Lorsque se forment, tard, déjà, en Europe occidentale, les premiers États-nations, elle pratique obstinément des dialectes qui cessent d'être compris à la frontière du canton et n'entend rien, en retour, à ce qui se dit, s'écrit, par exemple, en « langaige maternel françoys » auquel l'édit de Villers-Cotterêts (1539) a conféré, exclusivement, une valeur légale, une légitimité.

L'événement majeur du dernier demi-siècle, en France, c'est la disparition de la petite paysannerie qui formait le corps de la population et le collectif de travail. On a pu parler, à ce propos, de « révolution silencieuse ». Plus de 40 %

de la population s'employaient encore dans l'agriculture à la Libération, moins de 4 % aujourd'hui.

Les causes sont multiples.

L'heure est venue, si elle n'est pas déjà passée, de développer l'industrie, les transports, les services. La dislocation des empires coloniaux ajoute ses effets à la nécessité de la « modernisation ». Les sources de matières premières bon marché, de main-d'œuvre indigène surexploitée tarissent. Il faut affronter la concurrence internationale. Le critère, c'est la productivité. Elle dépend de la composition organique du capital, c'est-à-dire de la part du travail mort, des machines dans le procès de production, mais aussi, et par voie de conséquence, de la qualification des producteurs. L'agriculture traditionnelle s'accommode sans dommage des patois, de l'illettrisme, pas le travail en usine, sur les chantiers, dans les bureaux. Il faut consulter des directives écrites, des chiffres, des plans en coupe et en élévation, des textes de lois, des règlements. La société agraire traditionnelle est condamnée à disparaître.

L'ultime écho des bouleversements qui se sont succédé en quatre ou cinq décennies, c'est – ce serait – le texte extraordinairement précis, sensible, lucide qu'un petit exploitant agricole de la Manche a tiré de sa propre vie et confié à Catherine Boivin, dans sa froide cuisine.

L'écriture, depuis son invention en Mésopotamie vers la fin du quatrième millénaire, est au service des puissants. Elle est fille de l'esclavage. Elle sert, d'abord et longtemps, à comptabiliser le produit du travail forcé dans les empires hydrauliques de l'Antiquité. Les tablettes d'argile gravées de caractères cunéiformes qu'on a exhumées des ruines de

Sumer et d'Akkad sont des actes économiques, inventaires, contrats de vente ou de location de terres, d'esclaves, de bétail, reconnaissances de dettes et connaissements, plus rarement listes de dieux, décrets du despote, prières. Il faut patienter mille cinq cents ans avant que n'apparaissent, dans les archives du Moyen-Orient, les fragments d'un récit pur. Il relate l'équipée d'un roi légendaire d'Uruk, Gilgamesh, au pays des eaux mortelles et des hommes scorpions, où pousse le rameau d'immortalité qui lui permettrait de sauver son ami Enkidu. Il finit par s'en emparer mais le perd aussitôt après. C'est pourquoi nous mourons.

Lorsque, au début du IXe siècle avant notre ère, Homère reprend le thème de l'expédition en zone hostile, ses héros appartiennent eux aussi à l'aristocratie terrienne. Ulysse est un riche propriétaire foncier qui, entre deux épreuves, aime à évoquer ses troupeaux de porcs et de bœufs, ses oliveraies, ses esclaves, ses servantes. Comme les chevaliers carolingiens dont le premier texte en langue française, *La Chanson de Roland*, exalte les vaines et sanglantes prouesses dans la passe de Roncevaux, en 778 de notre ère.

La littérature d'Ancien Régime est sortie des blanches mains de la noblesse, de Pierre de Ronsard et Michel de Montaigne, de Marie-Madeleine Pioche de La Vergne, comtesse de Lafayette, et Louis de Rouvroy, duc de Saint-Simon et pair, jusqu'au vicomte François-René de Chateaubriand. Mais elle n'est pas morte avec elle, sous le couperet de la guillotine. Elle a été accaparée, avec le pouvoir, par la classe urbaine – la bourgeoisie – dont elle décrit les ambitions, la recherche effrénée du gain pécuniaire surtout, dans le cadre de vie – la ville – où l'activité s'est transportée. À l'antichambre du palais où des rois et de futiles princesses consultent leur cœur, expliquent, en termes mesurés, leur flamme, à la Place royale, aux salons succèdent la sordide pension de famille où des jeunes gens énergiques, comme Rastignac, aspirent à la puissance, les bureaux du ministère où il finira, ceux du comité de rédaction des journaux, d'administration de la grande banque et les rues arides, pavées de Paris qui mènent de l'un à l'autre.

La nouvelle classe laborieuse massée dans les faubourgs, les ouvriers qui font face à la bourgeoisie vont toucher, très vite, l'explication approchée de leur condition et la teneur de la mission historique qui leur incombe. Un jeune philosophe allemand, d'origine juive, leur confie, dès 1848, le *Manifeste* dont l'écho de tonnerre va rouler sur le siècle et demi suivant : « Prolétaires de tous les pays, unissez-vous. »

La paysannerie s'efface à petit bruit, comme elle a vécu, peiné, rendu la France nourricière, harmonieuse, « douce ». Les rares livres qui l'évoquent le font mal. La division du travail l'a privée, d'emblée, de moyens d'expression et ceux qui se font les interprètes de ses travaux, de ses jours, n'en ont pas l'expérience. *Jacquou le Croquant*, d'Eugène Le Roy, est ingénu, *La Terre*, de Zola, infamant. Lorsqu'un agriculteur se hasarde à parler de lui, c'est, d'abord, dans les termes fleuris, mystifiés des rédactions de l'école primaire, qui est assortie au secteur primaire de l'économie, au travail de la terre. Aujourd'hui, il use du langage froid, chiffré, abstrait des conseillers financiers du Crédit agricole.

Il n'y avait aucune chance pour qu'un paysan s'arrache à son statut historique, symbolique, d'objet pour devenir le sujet, enfin, de l'énonciation. Paul Bedel est cette exception.

Il combine les propriétés génériques de son groupe d'appartenance et l'on sait que la sociologie tient pour identiques et traite de manière similaire tous les agents situés au même point de l'espace social. Il est propriétaire de la petite exploitation où il a pratiqué l'élevage laitier et cultivé le blé. Il est resté célibataire, a refusé de passer contrat avec la coopérative laitière pour conserver son indépendance, ne pas devenir « ouvrier ». La guerre a encore rogné sur la minceur de l'instruction qu'on lui a dispensée. L'occupant – « les Boches » – a réquisitionné les bâtiments de l'école et Paul Bedel n'aura droit qu'à deux heures d'enseignement hebdomadaire entre 1940 et 1944.

Ce qu'il dit de lui, c'est ce que pensent les citadins des gens de sa sorte. Il a intériorisé la hiérarchie sociale, le jugement des autres, son statut d'objet. Il se donne pour un « minuscule », un « sans bruit », un « crétin ». Il dit s'être efforcé d'« éviter la honte de paraître aux yeux du monde comme rural », rappelle qu'il n'a même pas le certificat d'études primaires, ajoute que « de ne pas apprendre m'a beaucoup donné de souffrance pour plus tard, car je n'ai jamais comblé mon retard ». Mais partout affleurent les intuitions perçantes, les décisions, les initiatives de peu de mine, apparemment, dont les conséquences sont ce livre même et la vie consciente, ouverte, intéressante dont il témoigne bellement.

Quelques faits plus particulièrement significatifs. On se sait ignorant, stigmatisé par la structure de la distribution, le peu de lumières concédées à la paysannerie, mais par la conjoncture aussi, la guerre, l'Occupation et leurs séquelles, dans la Manche plus particulièrement. Il pleuvait des bombes sur l'enfance de Paul Bedel. Il ne désespère pourtant pas. Il achète un poste de radio, « en cachette », pour recueillir l'écho du vaste monde. Il a observé avec la plus grande attention la façon dont s'y prenaient ses devanciers – « les vieux » – puis ses contemporains. « Il n'y avait pas de manuel de fabrication. » Il réédite, sans le savoir, à son échelle infime, la percée néolithique, la révolution graphique. Il s'est procuré un carnet – « un Rhodia orange avec son crayon à bois » – dans lequel il tient ses comptes, note la météo avant de confier des réflexions étrangères à son travail, à sa condition. « J'ai commencé à écrire comme un écrivain. » Et encore : « J'écris parce que je cherche des réponses. »

Dans ses magistrales études sur la société médiévale, Georges Duby constate que « tout ce qui n'est pas seigneurial ou bourgeois, dans le monde économique, échappe à l'observation » : « L'exploitation menée par les rustres n'a pas d'archives, partant point d'histoire. Seul le sommet, l'extrême pointe de l'édifice social ont imprimé des traces assez profondes pour être encore lisibles. On ne voit les paysans que par les yeux des seigneurs. »

Paul Bedel possède indiscutablement un style. La tradition scolaire l'attribue, à tort, au langage. Celui-ci enfermerait on ne sait quelles ressources enfouies, précieuses, mystérieuses que des esprits ingénieux, inspirés, s'entendraient à révéler. On a répertorié depuis longtemps déjà leurs procédés, métaphore et métonymie, anacoluthe, hyperbate… C'est pour se développer en vase clos, au cœur des villes, derrière les murs épais de l'université, que la stylistique s'est méprise. L'enchantement qui peut naître d'un certain usage du langage ne réside pas en lui, dans ses vertus supposées. Il tient à la différenciation de la vie sociale, à l'inégalité de la répartition des biens matériels et des choses de l'esprit. Ce qui nous plaît, nous ravit – nous enlève, littéralement, à nous-mêmes – lorsque nous découvrons un style, ce ne sont pas des mots – nous possédons tous, assez équitablement, les quinze mille que tout locuteur a acquis vers quinze ans. Non, c'est le monde plus large, mieux ordonné, éclairé, préférable qu'habite notre interlocuteur et dont témoignent ses propos. « Les grands ont de grandes idées. » « Les vues générales sont des vues de général. »

Est-ce que Paul Bedel fait mentir Georges Duby ? Oui et non. Oui car, pour la première fois, un très petit paysan de l'Ouest énonce, précisément, les choses dont le lectorat moyen – il a le niveau du baccalauréat aujourd'hui et habite en ville – ne savait à peu près rien. Le monde s'agrandit, s'enrichit de ce que Paul Bedel y a vu, fait et qu'il a confié à ses carnets. Tout empêchement, limitation, perte, privation est douleur ; tout accroissement, ouverture est délivrance et joie. Le style de Paul Bedel, le bonheur qu'on éprouve à le lire ne sont rien d'autre que l'extension sentie du monde que nous habitons, de notre être, puisque nous sommes au monde. Mais Duby a le dernier mot : lorsqu'un paysan s'arrache au mutisme millénaire auquel le condamnaient les structures sociales, lorsqu'il dispute aux seigneurs, aux doctes, aux citadins l'expression de son sens, c'est que les temps sont accomplis. La paysannerie s'absente, sous nos yeux, de la scène qu'elle occupait, sans phrases. L'acte de naissance autographe que rédige Paul Bedel, avec sa biographe, est aussi son testament.

Pierre Bergounioux

Table

Remerciements

Nous remercions infiniment, Paul et moi, Richard Ducousset et les éditions Albin Michel, Pierre Bergounioux, Martine Lani-Bayle et Mareike Wolf-Fédida qui accompagnent avec bienveillance ce livre.

DERNIERS OUVRAGES PARUS

ENFUIR L'HIVER, Presses de la Cité, 2016.

JEANNE DES FALAISES, 2015, Presses de la Cité.

MÉMOIRES D'UN REBOUTEUX BRETON, Presses de la Cité, 2014, Pocket, 2016.

LE PETIT BONNET DE LAINE ROUGE, Presses de la Cité, 2013, Pocket, 2015.

MÉMOIRES D'UN REBOUTEUX BRETON, France Loisirs, 2012.

LES BERGERS BLANCS, Albin Michel, roman, 2011 (Prix Reine Mathilde 2012).

MIMI GUILLAM, Cahier de vie d'une institutrice, Presses de la Renaissance, préface Évelyne Sullerot, 2010.

TESTAMENT D'UN PAYSAN EN VOIE DE DISPARITION, avec Paul Bedel, Presses de la Renaissance, préface Claudie Gallay, 2009 ; J'ai Lu, 2012.

LE TRACTEUR DE PAUL (jeunesse), Ouest-France, 2008.

MÉMOIRES D'ARSÈNE LEPOITTEVIN, NÉ À VALOGNES EN 1926, DERNIER SURVIVANT, préface de l'amiral Jacques Launay, Ouest-France, 2008.

PAUL, DANS LES PAS DU PÈRE, avec Paul Bedel, Ouest-France, préface de Didier Decoin, 2007.

www.catherineecoleboivin.com

Composition : IGS-CP
Impression : CPI Bussière en avril 2017
Éditions Albin Michel
22, rue Huyghens, 75014 Paris
www.albin-michel.fr

ISBN : 978-2-226-39794-2
N° d'édition : 22713/01 – N° d'impression : 2027395
Dépôt légal : mai 2017
Imprimé en France